Lukas Gotter

WIE IM HIMMEL SO AUF JEDEN FALL

Das Königreich Gottes verstehen, leben und erwarten

SCM
R.Brockhaus

SCM

Stiftung Christliche Medien

SCM R.Brockhaus ist ein Imprint der SCM Verlagsgruppe, die zur Stiftung Christliche Medien gehört, einer gemeinnützigen Stiftung, die sich für die Förderung und Verbreitung christlicher Bücher, Zeitschriften, Filme und Musik einsetzt.

© 2022 SCM R.Brockhaus in der SCM Verlagsgruppe GmbH
Max-Eyth-Str. 41 · 71088 Holzgerlingen
Internet: www.scm-brockhaus.de · E-Mail: info@scm-brockhaus.de

Die Bibelzitate sind folgenden Ausgaben entnommen:
Bibeltext der Neuen Genfer Übersetzung - Neues Testament und Psalmen,
Copyright © 2011 Genfer Bibelgesellschaft, wiedergegeben mit freundlicher
Genehmigung. Alle Rechte vorbehalten. (NGÜ)
Lutherbibel, revidierter Text 1984, durchgesehene Ausgabe in neuer Recht-
schreibung, © 1999 Deutsche Bibelgesellschaft, Stuttgart. (LUT 84)
Lutherbibel, revidiert 2017, © 2016 Deutsche Bibelgesellschaft, Stuttgart. (LUT)
Einheitsübersetzung der Heiligen Schrift, vollständig durchgesehene und über-
arbeitete Ausgabe, © 2016 Katholische Bibelanstalt, Stuttgart.
Alle Rechte vorbehalten. (EÜ – nur ein einziges Zitat: Jer 29,7)
Und eigene Übersetzungen

Umschlaggestaltung: Kathrin Spiegelberg, www.spika-design.de
Titelbild: stocksy
Autorenfoto: © Helge Eisenberg
Satz: typoscript GmbH, Walddorfhäslach
Druck und Bindung: GGP Media GmbH, Pößneck
Gedruckt in Deutschland
ISBN 978-3-417-00027-6
Bestell-Nr. 227.000.027

Inhalt

Vorwort

Ein Buch über das Reich Gottes – was für eine steile Ansage! Das Reich Gottes ist Lukas zum Herzensthema geworden und das spürt man seinem Buch in allen Facetten ab.

Seit Jahren sind wir als Freunde und als Gemeinde an diesem Thema dran. Wir haben viel gelernt und haben einiges dabei erreicht. Doch wie heißt es so schön: »Es ist schon da, aber auch noch nicht vollendet.« Es liegen gleichzeitig noch ganz viele Schritte vor uns, das ist allerdings ganz okay so. Ich glaube, dass wir auf einem guten Weg sind, das Reich Gottes Stück für Stück sichtbarer zu machen.

Aber was meint Jesus eigentlich, wenn er vom Evangelium des Reiches Gottes spricht? Hätte er nicht einfach nur vom Evangelium, also von der guten Nachricht sprechen können? Warum dieser Zusatz? Gibt es etwa auch ein anderes Evangelium? Eine andere gute Nachricht, die etwas einfacher und kürzer ist? Zum Beispiel: »Glaube an Jesus. Bekenne ihn als Herrn und fertig!«? Oder geht es danach vielleicht tatsächlich noch weiter?

Viele Fragen, die alle in dieser einen münden: Was ist das Reich Gottes und welche Auswirkungen hat es auf Gemeinde und darauf, wie wir denken und leben?

Je mehr man über das Thema nachliest, darüber betet und philosophiert, desto mehr erkennt man, wie einfach das Reich Gottes auf der einen und wie herausfordernd und komplex es auf der anderen Seite ist!

In diesem Buch begegnen sich Theologie und Lebensalltag. Erstaunlicherweise duellieren sie sich gar nicht, sondern gehen

Hand in Hand und zeigen dem Betrachter, wie Nachfolge im Reich Gottes gelingen kann. Jesus hat vor 2000 Jahren genau dafür die Grundlage gelegt.

Gerade die praktischen Beispiele auf den folgenden Seiten holen den Himmel ein Stück auf die Erde, ohne dabei eine heile Welt vorzutäuschen, nur weil man zu Gottes Bodenpersonal gehört.

Viele namhafte Personen kommen zu Wort. Zuerst natürlich Gott! Denn schließlich ist es sein Reich. Jesus. Er setzt den Rahmen für das Königreich Gottes. Paulus natürlich. Und Martin Luther. August Hermann Francke und ein 500-Euro-Schein …

Am Ende geht es beim Reich Gottes um jeden Einzelnen. Es geht darum, wie wir leben und ein Teil dieses grandiosen göttlichen Masterplans sein können. Vielleicht wirst du herausgefordert sein, deine bisherige Theologie zu hinterfragen? Vielleicht sogar dein Lebenskonzept zu überdenken?

Für uns und für unsere Gemeinde können wir auf jeden Fall sagen, dass ein Paradigmenwechsel stattgefunden hat. Vor einigen Jahren haben wir unsere Gemeindevision neu geschrieben, um den Wandlungsprozess deutlich zu machen. Wir sehnen uns nach einer »von Jesus geprägten Welt«: in unserer Gemeinde, in Halle, in unserem eigenen und auch in deinem Leben.

Zum Glück haben uns dabei liebe und treue Wegbegleiter auf dieser Reise begleitet und den Blick für das Reich Gottes geöffnet. Unser Dank gilt diesen unermüdlichen Helden, die an uns geglaubt und uns geholfen haben, das Reich Gottes in unserem Kontext sichtbar zu machen. Danke Keith und Marion Warrington, dass eure Liebe stärker ist als unsere Schwachheit. Danke

Michael Winkler, dass du uns in all den Jahren ermutigt hast, einen Schritt nach dem anderen zu gehen.

Ein ganz großes Dankeschön geht natürlich auch an Lukas Gotter, der als Student nach Halle kam und Gottes Berufung angenommen hat. Mir wurde nach einiger Zeit klar, dass Lukas der richtige Mann ist, die begonnene Gemeindearbeit weiterzuentwickeln. So fiel es mir leicht, unsere Gemeinde in seine Hände zu legen. Er hat in den letzten Jahren die »Reich-Gottes-Vision« konsequent weiterentwickelt und in diesem Buch auf den Punkt gebracht.

Ein letztes Dankeschön geht jetzt an alle, die dieses Buch in die Hand genommen haben. Ich wünsche euch, dass ihr herausgefordert und ordentlich geflasht werdet und euch beim Lesen ganze Kronleuchter vor eurem inneren Auge aufgehen.

Henry Marten
Halle im Februar 2022

Der Einleiter – Oder:
Was ist eigentlich mein Problem?

Jesus redet über nichts *mehr* als über das Reich Gottes.

Über nichts *mehr*? Redet er nicht viel mehr von der Liebe Gottes? Oder von Israel? Oder davon, wie wir anderen Menschen begegnen sollen? Nicht viel mehr *gegen* die Pharisäer, Gesetzeslehrer oder Sadduzäer? Oder über Nachfolge?

Ein paar Dinge, die manche unserer heutigen Diskussionen klären würden, hat Jesus jedenfalls ausgespart. Zum Beispiel eine klare Tauftheologie mit Angabe des Alters des Täuflings. Das wäre was gewesen. Oder die Frage, welche Musik wir Sonntag für Sonntag im Gottesdienst spielen sollten. Oder überhaupt zum Thema Gottesdienst – wie genau soll der eigentlich aussehen?

Jesus hat auch nicht gesagt, welche frommen Schubladen es noch alles braucht, um unser Christsein richtig einzuordnen. Also nicht: Wer hat recht? Welche Konfession? Welche Gemeinde? Wer glaubt jetzt »richtig«, nachdem wir den Klein-und-groß-getauften-neo-liberalen-post-evangelikalen-missionalen-ICF-grün-Charismatiker im evangelischen Gottesdienst haben. Ach ja, natürlich ist er oder sie ursprünglich katholisch.

Das sind Themen, über die hat Jesus überhaupt nichts gesagt. *Wir* sagen darüber aber recht viel, habe ich manchmal den Eindruck. Mit *wir* meine ich *wir Christinnen und Christen*. Wir Jüngerinnen und Jünger. Wir Glaubensgeschwister. *Wir* reden viel über so etwas: Dinge, die Jesus offengelassen hat, die aber einen gewissen Redebedarf erzeugen.

Was Jesus allerdings immer wieder und ständig besprochen hat, war tatsächlich das Reich Gottes. Dass *wir* das nicht tun, hat sicherlich seine Gründe. Denn ich glaube, und das ist einer meiner Grundannahmen in diesem Buch, dass kaum einer weiß, was das eigentlich ist, dieses Reich Gottes.

Ich weiß nicht, wie *du* groß geworden bist. Ich selbst bin getauft und konfirmiert. Christlich aufgewachsen, durfte ich meine Kindheit und Jugend in einem Elternhaus verbringen, in dem es üblich war, jeden Sonntag zur Kirche zu gehen. Mehr noch: sein Leben in Gottes Dienst zu stellen. Nicht selten gestaltet noch heute jemand aus meiner Familie den Gottesdienst in meiner Heimat mit. Mal an der Orgel, mal beim Predigen, mal in der Band.

Dazu kommt, dass meine Eltern einen christlichen Buchladen haben und ich deswegen nahezu jedes christliche Hörspiel aus meiner Kindheit kenne, Superzwei-Alben auswendig mitsingen und sprechen kann und viele Gegenstände unseres Alltags mit einer schönen frommen Botschaft versehen sind.

Manche sagen von sich, sie seien christlich groß geworden. Aber ich bin es wirklich. Unsere Familie hat sich schon immer viel in der Gemeinde engagiert, und die Sonntage sind oft so voll, als wären wir »Berufschristen«. Genau so einer bin ich dann auch geworden. Der erste in der Familie, und es ist wundervoll, heute auf diesem geistlichen Fundament aufbauen zu können.

In diesem engagierten Umfeld also, da fiel immer mal wieder der Halbsatz »... das Reich Gottes bauen ...«. Mal im Gebet, mal in einer der vielen Mitarbeiterrunden, vor oder nach einem Gottesdienst oder in Gesprächen, in denen es darum ging, wie wir Gemeinde gestalten können.

Ehrlich gesagt, war mir früher nie so richtig klar, was damit gemeint war. Und ich hatte nicht selten den Eindruck, dass der- oder diejenige, die das sagte, auch nur eine ganz schwache Ahnung davon hatte.

Es klingt jedenfalls echt fromm und gut. Damit kann man »geistlich« schon ganz viel abräumen, wenn die Begrifflichkeit an der richtigen Stelle auftaucht. Aber was genau bedeutet das überhaupt?

Irgendwann dachte ich immer an den Vers: »Wenn der Herr nicht das Haus baut, dann bauen die Arbeiter umsonst« (Psalm 127,1; eigene Übersetzung).

Vielleicht ist das Reich Gottes bauen so was wie Hausbau. Wäre eine denkbare Analogie. Damit man nicht umsonst arbeitet (was ja viele der Menschen taten, mit denen ich zu tun hatte – Stichwort: Ehrenamt!), baut man sich also dieses ominöse Haus, genauer: dieses Reich. Muss wohl was Geistliches sein. Etwas für fortgeschrittene Superfromme.

Aber was es eigentlich ist, habe ich früher nie wirklich verstanden.

Das änderte sich auch nur wenig mit meinem Theologiestudium. Dort lernte ich, dass der Begriff »Reich Gottes« ganz zentral bei Jesus und dass es sein »Programm« gewesen sei. Paulus nutze den Begriff viel weniger. Nur *eine* Stelle aus den Paulusbriefen ist recht bekannt: »Das Reich Gottes ist nicht Essen und Trinken, sondern Gerechtigkeit und Friede und Freude im Heiligen Geist« (Römer 14,17; LUT). Das war's aber eigentlich schon fast.

Immerhin fiel mir auf, dass der Begriff *Reich* zweimal im Vaterunser vorkommt: »Dein Reich komme, wie im Himmel so auf

Erden« und »Dein ist das Reich…«, kurz vor Schluss. (So viele Worte sind es übrigens nicht, die sich in diesem Gebet doppeln.)

Ansonsten sind mir in meinem Leben immer mal wieder Leute begegnet, die meinten, dass *der Himmel* das Reich Gottes sei. Damit meinen sie das Leben nach dem Tod, das Paradies, das neue Jerusalem oder einfach nur die Ewigkeit. Das ist mir ein wenig zu naiv gedacht. Zumal wir ja feurig und mit Glauben beten: »Dein Reich komme.«

Also soll es *jetzt* kommen. Jesus selbst macht ja deutlich, dass das Reich Gottes schon mitten unter uns ist.

Verwirrt? Ich war es auf jeden Fall. Denn so richtig hängen geblieben ist mir von alldem nichts. Widersprüchlich ist es auch noch. Jeder scheint damit was anderes zu meinen.

Für jemand wie mich, der aus Deutschland kommt, ist es sowieso schon schwierig, über etwas Erstrebenswertes nachzudenken, das mit »Reich« verbunden ist. Zu diesem Wort haben wir eine ambivalente, also zwiespältige Beziehung. Von daher: Wir könnten den Begriff also auch einfach meiden, und fertig.

Aber dann … irgendwann … bekam ich allmählich eine Ahnung davon, was damit gemeint sein könnte. Mit der Zeit sammelten sich auch richtig gute Reich-Gottes-Erfahrungen in meinem Leben: Momente, in denen ich das Gefühl hatte, dass der Himmel auf die Erde kommt. Und ich merkte: Das Reich Gottes hat so viele Aspekte!

Reich Gottes. Jesus redet über nichts *mehr*. Dem musste ich mich erst mal stellen.

Sollte ich, sollten wir dann nicht ebenfalls beginnen, mehr darüber zu reden? So wie Jesus? Es scharf und gut definieren, in die Gemeinden tragen, darüber predigen, was das Zeug hält, und dann so richtig praktisch werden?

In gewisser Hinsicht machen wir das ja schon. Denn nahezu jedes Gleichnis Jesu hat mit diesem Thema zu tun. Seine Bergpredigt wird auch »das Programm des Reiches Gottes« genannt. Von daher drehen sich viele Predigten im Grunde um das Reich Gottes. Wir reden also – indirekt – schon jetzt viel darüber. Doch, denke ich, könnte unser Bild schärfer, genauer und gleichzeitig größer und weiter sein. Am Ende dieses Buches, das ist meine Hoffnung, wissen wir konkreter etwas damit anzufangen.

Du merkst es vielleicht beim Lesen dieser Zeilen: Ich bin unzufrieden damit, wie wir mit diesem Thema umgehen. Der Satz »Wir bauen das Reich Gottes« verschiebt nämlich auch den entscheidenden Akzent: Am Ende ist es ja immer Gott, der baut, der tut, der macht. Und er baut, tut und macht schon eine ganze Menge.

Doch meiner Meinung nach würde er das auch gerne mit uns in Partnerschaft tun. Das ist so seine Art, wie ich in der Bibel lese. Er ist ja in sich selbst Beziehung und will das auch mit uns sein. Denn wenn ich mir die Geschichten der Bibel ansehe, dann handelt Gott immer wieder durch Menschen. Durch sie hat er diese Welt verändert.

Also, Gottes Reich zu bauen, heißt nichts anderes, als mit dem Erfinder der Welt gemeinsam diese Welt weiterzubauen. Was das bedeutet und wie das aussehen kann, darüber werden wir uns im Folgenden Gedanken machen.

Ich möchte dich mit auf diese Reise nehmen, und ich hoffe, dass du dabei entdeckst, wo du selbst Reich Gottes leben kannst. Es ist eine Reise zu unserer Berufung. Zur Kern-Botschaft Jesu. Zu den Auswirkungen in dieser Welt.

Mich hat dieses Thema gepackt – von meinen wenigen Haarspitzen bis zu meinen beiden kleinen Zehen. Ich beschäftige mich immer wieder damit, ohne dass es mir langweilig wird. Und meine Hoffnung ist, dass du beim Lesen eine Ahnung davon bekommst, was das Gebet »Wie im Himmel so auf Erden« in deinem Leben wirklich bedeuten könnte. Wäre das nicht was?

PS: Darf ich Sie euchen? Also, ich hoffe, du störst dich nicht am Du in diesem Buch. Wir duzen uns auch in unserer Gemeinde. Da du sicherlich auch schon bei Ikea warst, kennst du es ja von dort. Also mach ich's in dem Fall schwedisch und bleibe beim Du. Bitte nicht übel nehmen.

1. REICHT'S?! – Oder: Was ist das Reich Gottes?

Viele Menschen in meiner Stadt wissen eigentlich gar nichts über Gott, die Kirche oder die Bibel. Gleichzeitig meinen sie aber, recht genau zu wissen, wer diese Christen sind und was sie glauben. Es herrschen einige Vorurteile über uns, die gar nicht ohne Weiteres stimmen. So was wie: Christinnen und Christen haben nie Spaß, sind sexuell eher verklemmt, und Alkohol ist verboten. Pastor, Pfarrer, Priester – alles ein und derselbe Job, und alle leben unverheiratet.

Gut, durch die Kirche haben wir viele Feiertage. Immerhin. Christinnen und Christen gelten als die größten – weil einzigen – Fans von Orgelmusik, Blasmusik und deutschsprachigen Gospelchören. Sie lesen die Bibel. Gehen zum Gottesdienst. Haben ihren Nächsten lieb. Zumindest sagen sie das gerne. Das ist nämlich en vogue.

Manche Leute kommen in diesem Zusammenhang auch sehr schnell zu eher kritischen Themen wie Kindes- oder Machtmissbrauch, Inquisition oder Kreuzzüge. Das ist besonders bitter, wenn einem dann so ein Etikett anhaftet. Ach ja, und Christinnen und Christen beten. Das machen sie auch.

Begegne ich Menschen im Alltag, höre ich dann gerne den Satz: »So sieht also ein Pastor aus!?« Jemand sagte letztens ironischerweise über mich, ich sei ein »phänotypischer Pastor«. Wir mussten beide schmunzeln.

Mein Problem mit der Schublade »Christ« ist: All diese Vorurteile malen ein Bild von einem der Gegenwart abgewandten Christsein, das wenig(er) mit der »Welt« zu tun hat. Und hat man erst einmal diesen Stempel, ist es sehr schwer, ihn wieder loszuwerden.

VON VORURTEILEN UND DEFINITIONEN

Da ich aus dem oft unterschätzten und wunderschönen Osten Deutschlands komme, wo »naturbelassene Heiden« die Regel sind, ist es hier völlig normal, *nicht* Christ zu sein. Und wenn ich Leuten begegne, die Gott nicht kennen, darf ich immer wieder erleben, dass einige feststellen: »Diese Christen sind ja eigentlich ganz nett und völlig in Ordnung. Das mit dem Gottesdienst probiere ich demnächst mal aus.«

Es herrscht also eine Vorstellung von uns Christen, die nicht die Realität widerspiegelt. Ein Bild, das unscharf ist.

So geht es mir auch oft, wenn Leute über das Reich Gottes sprechen. Sie meinen, etwas darüber sagen zu können, was vielleicht klug wirkt, aber letztendlich mit Halbwahrheiten gefüllt ist. Am Ende wird nicht deutlich, was genau sie damit meinen. Es wird nicht lebenspraktisch.

Umso wichtiger ist es deshalb, eine gute Definition abzugeben, und ich möchte dich und mich ermutigen, mal wirklich zu fragen: Was ist das Reich Gottes?

Das zu beantworten, ist gar nicht so einfach. Wo fange ich an? Wo höre ich auf?

Denn schon liegt das erste Problem auf der Hand: Definiert man, was das Reich Gottes ist, dann definiert man im Kern auch, wer Gott ist.

An diesem Punkt hakt es schon. Gott zu definieren, ist schwierig, ja eigentlich unmöglich. Wer sind wir Menschen schon, dass wir wissen könnten, wer Gott ist?

Das sogenannte Bilderverbot in den Zehn Geboten warnt uns sogar ausdrücklich davor: Du sollst dir kein Bild machen – damit du Gott nicht auf dein menschliches Bild reduzierst. Ich persönlich neige in diesem Zusammenhang zu der Ergänzung: auch nicht auf *ein* Bild!

Gott bleibt Geheimnis; er ist kein Rätsel, das du lösen kannst und am Ende den Jackpot gewinnst. Nein, Gott bleibt geheimnisvoll, manchmal unscharf und unverständlich, aber auch nahe, intim, intensiv und noch ganz viel mehr.

Ich hoffe, du verstehst, was ich meine, und siehst auch mein konkretes Problem: Wie soll ich das beschreiben, was eigentlich nicht zu beschreiben ist?

Antwort: Gar nicht.

Und trotzdem will ich einen Versuch starten: Ich möchte starke Bilder für das finden, was wir wissen, glauben, lieben und hoffen dürfen. Ohne Gott einzuschränken.

Auch Jesus selbst hat ja Gleichnisse verwendet, um wichtige Wahrheiten deutlich zu machen. Es ist also durchaus legitim, dass wir Vergleiche benutzen, die ein biblisches Prinzip veranschaulichen sollen. Auch auf solche Weise kann Gott reden!

Denn eins ist mir ganz wichtig zu sagen, nämlich dass ich felsenfest daran glaube, dass Gott sich offenbart!

Er ist mir gegenüber ganz persönlich. Er teilt sich mit. Redet mal laut und mal leise. Begegnet mir im Gebet, in der Bibel oder im Gespräch mit anderen.

Gott ist der sich offenbarende Gott. Ich glaube, dass sein Sohn Jesus gestorben und auferstanden ist, dass der Heilige Geist begabt, begeistert und inspiriert und dass wir in der Bibel das beste, wichtigste und überzeugendste Zeugnis dieses wundervollen Gottes haben. Das ist immer meine Grundannahme.

Deswegen werde ich meinen Blick im Folgenden auf die Bibel richten. Ich liebe es, diese alten Geschichten neu zur Sprache zu bringen! Dafür brauche ich jedoch Bilder, die wir heute verstehen; ich brauche diese »Bilder« von Gott, um überhaupt sprachfähig zu werden. Aber natürlich lässt sich Gott nicht in ein Bild pressen. Keine Angst, Gott steht immer über den Bildern, über mir und über dir.

Doch kommen wir wieder zurück zum Reich Gottes. Dieses Thema muss so gut in die Zeit Jesu reingepasst haben, dass er nicht aufhören konnte, davon zu reden. Wenn man die Evangelien liest, springt einem dauernd dieser Begriff ins Gesicht. Im Neuen Testament kommt der Begriff »Reich Gottes« und Abwandlungen davon etwa zweihundertmal vor. Das ist richtig oft!

Jetzt mal die Frage: Wann hast du das letzte Mal etwas dazu gehört oder gelesen?

Meiner Beobachtung nach tun sich bei diesem Thema verschiedene Lager auf: Bei dem einen geht's nur um die Ewigkeit, bei dem anderen darum, politische Verantwortung zu übernehmen. Wieder beim Nächsten um die Liebe zu den Mitmenschen, wieder beim anderen merkt man die Ahnungslosigkeit, nicht greifen zu können, was das eigentlich ist.

Ich habe auch etwas gebraucht, bis meine Vorstellung klarer wurde. Und ich bin weder fertig mit dem Thema, noch kann ich dir auf alles eine Antwort geben. Manches muss noch in meinem Herzen und meinem Kopf schärfer werden. Ich will noch mehr Geschichten dazu hören und mehr Erlebnisse machen.

Doch ich habe mich intensiver mit dieser Sache auseinandergesetzt und merke: Gute Lehre ist pure Seelsorge. Sie gibt Orientierung. Beim Thema Reich Gottes fehlt das oft. Oder das, was gut ist, wird nicht wahrgenommen, oder es ist zu intellektuell.

Ich bin überzeugt: Wenn wir verstehen oder zumindest annähernd begreifen könnten, was das Reich Gottes ist, würde sich unser Blick auf Gott, auf die Kirche, ja auf die ganze Welt grundlegend ändern. Wir würden merken: Das ist eigentlich ganz schön genial, dieses Reich! Und wenn wir danach streben würden, dieses Reich zu bauen, würde sich auch das Bild ändern, das viele von uns Christen haben. Also: Lasst uns neu und frisch darauf schauen!

DER 500-EURO-SCHEIN

Ich möchte dir eine Frage stellen: Wann hattest du das letzte Mal einen 500-Euro-Schein in der Hand? Überleg mal. Vielleicht noch nie? Vielleicht vor langer Zeit? Vielleicht ist es dein großer Traum, mal einen in der Hand zu halten?

Ich kann es selbst nicht mehr genau sagen, wann es bei mir so war. Ich meine, dass wir mal in einer Sammlung beziehungsweise Kollekte im Gottesdienst einen hatten. Aber das ist alles andere als die Regel bei uns – nicht, dass wir uns falsch verstehen!

Dazu muss man wissen, dass es 500-Euro-Scheine bald nicht mehr geben wird, denn sie werden abgeschafft. Bargeld ist so oder so ein Konzept, das mehr und mehr zurückgeht. Aber darauf will ich gar nicht hinaus.

Ein 500-Euro-Schein steht für Reichtum. Digitales Geld kann das niemals in der Form – im wahrsten Sinne des Wortes! – greifbar machen wie ein Geldschein.

Wenn ich einen 500-Euro-Schein in der Hand habe, gibt er mir das Gefühl, dass ich damit etwas bewirken und erreichen kann. Ich kann meinen Reichtum zu meinem eigenen Vorteil nutzen, für mich und andere Menschen Dinge kaufen, die gut sind, oder das Geld sparen. Oder meine Rechnungen bezahlen.

Ich könnte sofort ins beste Restaurant der Stadt gehen und das Geld für ein XXL-Menü rauspulvern. Oder mich neu einkleiden. Ich könnte damit auch jemanden beschenken oder das Geld einfach weggeben. In die Kollekte zum Beispiel. Oder den Geldschein verbrennen, was echt dämlich wäre. Aber: Auch das wäre machbar!

Das Tolle an einem Geldschein ist: Es funktioniert alles sofort. Ich bestelle nicht etwas online und warte, bis es »endlich« da ist. Sondern ich kann direkt etwas bewirken, und wer einen (oder mehrere) 500-Euro-Scheine hat, dem ist klar: »Ich bin reich! Ich habe Geld, das ich ausgeben kann!«, und das finden wir in der Regel ganz dufte.

Wie wäre also folgendes Bild für das Reich Gottes, das ein Bekannter letztens benutzt hat: Das Reich Gottes ist wie ein 500-Euro-Schein. Es symbolisiert Reichtum und Besitz. Allerdings nicht mein persönliches, sondern Gottes Eigentum.

Überall dort, wo der Reichtum oder, besser gesagt, die Reichtümer Gottes sicht- und erlebbar sind, ist das Reich Gottes. Dort, wo ich Gottes Liebe spüren und sehen kann, wird Gottes Reichtum real. Greifbar.

Jeder ist eingeladen, ein Teil davon zu sein: Arme bekommen göttliche 500-Euro-Scheine und sind reich. Kranke bekommen eine 500-Euro-Gesundheit, die es in sich hat. Menschen, die vaterlos groß geworden sind, dürfen endlich ihren 500-Euro-Papa umarmen. Und nein: Er kauft damit kein Spielzeug, sondern Zeit und Gemeinschaft.

Gut, das ist ein recht einfacher Gedanke. Aber stell dir mal vor, das wäre das Evangelium Jesu gewesen! Ich sehe ihn schon Prolo-Rapper-mäßig mit Geldscheinen in der Hand herumlaufen. Dann wischt er die einzelnen Scheine, die er in der Hand hat, heraus, und jeder, der will, muss nur zugreifen.

Natürlich verteilt Gott keine irdischen 500-Euro-Scheine. Sondern was du von ihm bekommst, ist Glaube, Liebe, Hoffnung. Gott verteilt Gerechtigkeit, Barmherzigkeit, Schönheit! Aber auch Heilung, Trost und Wiederherstellung.

Gott gibt dir, mir, uns – im übertragenen Sinne – seine 500-Euro-Scheine. Nur sind diese nicht irdisch und materiell, sondern übernatürlich und geistlich. Überall, wo ich das auf dieser Erde erleben kann, wird Reich Gottes für mich greifbar.

Das ist doch mal ein genialer Gedanke, oder? Reich Gottes heißt: reich an Gott sein.

Gott kann so handeln, weil er ganz anders ist als wir. So ganz anders als unsere verkappte, elende, zerrüttete Welt, in der diese Dinge manchmal so fern scheinen. Gott schenkt uns etwas von seinem Reichtum. Besser noch: Er schenkt es dieser ganzen Welt und verändert sie komplett. Sie wird neu und schön und der Wunder ganz voll.

WAS IST EIGENTLICH EIN »REICH«?

Kommt man wie ich aus Deutschland, zuckt man bei diesem Wort automatisch erst mal zusammen. Das Dritte Reich Adolf Hitlers hat sich tief in unsere Geschichte eingebrannt. Zu Recht. Dort herrschte ideologischer, menschenverachtender »Reichtum«: Reichtum an Machtgehabe, Paraden, Hass auf Juden, Schwule, Behinderte. Geilheit auf Krieg, Waffen und willkürliche Autoritäten.

Kurzum: Reichtümer so fern von Gott wie der Hallesche FC vom Champions-League-Titel.

Deswegen verstehe ich auch jeden, der beim Thema »Reich« nicht voll miteinstimmt beziehungsweise nicht sofort eine positive Verbindung dazu hat. Der Begriff ist vorbelastet. Das finde ich nachvollziehbar und bitter zugleich.

In anderen Sprachen heißt es allerdings nicht einfach nur »Reich«. *Basileía toû theoû* (altgriechisch), *Malcut Jahwe* (althebräisch) oder auf Englisch *Kingdom of God* haben eine kleine, entscheidende Nuance mit drin, die mir im Deutschen oft fehlt.

Richtig übersetzt heißen diese Worte nämlich *KÖNIGreich Gottes*. Damit wird deutlich: Gott ist König. Das finde ich viel stärker.

Ein Königreich ist ja erst mal ein Gebiet, ein Ort oder ein Bereich, in dem einer das Sagen hat. Ein Reich hat einen Herrscher. Jemand, der weiß, wo es langgeht, und der die Verantwortung trägt. Jemand, der die Autorität hat.

Eine ganz andere Frage ist, ob dieser Jemand dann auch autoritär regiert. Aber jedenfalls »gehört« ihm die Macht, oder er darf sie stellvertretend eine Zeit lang ausüben. Er ist reich an Macht und, ja, er kann sie missbrauchen, wie manche Diktatoren und Tyrannen es tun, die viel Unheil anrichteten.

Vielleicht hast du auch andere Machthaber vor Augen. Solche, die das eigentlich ganz gut gemacht haben. An die erinnert man sich vielleicht nicht so intensiv, aber es gibt sie. Ganz bestimmt.

Das Königreich Gottes ist also das Gebiet oder der Staat Gottes. Er ist dort König, und dort können wir seine Reichtümer sehen. Die Bibel spricht von Gottes Gegenwart, die wir genau da erleben können. Veränderung findet statt. Ich merke, Gott widmet sich mir und meinem Nächsten.

Aber ist das nicht komisch? Vor allem, wenn wir davon ausgehen, dass Gott doch überall ist? Wie kann er dann irgendwo »mehr« sein? Oder stärker spürbar werden?

Auch das gehört für mich zum Reich Gottes: Es ist etwas Übernatürliches, Unerklärliches, Unfassbares. Ist Gott wirklich Gott, dann muss er übernatürlich sein. Es geht gar nicht anders.

Aber genau das ist oft ein schwieriger Gedanke für uns Menschen. Weil wir das so überhaupt nicht sind, nicht kennen und nicht einordnen können.

So oder so, Königreich Gottes heißt: Gott ist mit seinen Reichtümern gegenwärtig. Er ist da!

IST GOTT WIRKLICH DA?

Schaut man in diese Welt, kommen sehr schnell Fragen auf: Gehört Gott nicht die ganze Welt? Wenn ja, warum wirkt es dann so, als würde er sie gar nicht regieren?

Betrachtet man die Corona-Krise und ihre Auswirkungen oder diverse andere schlimme Krankheiten, die Naturkatastrophen und Kriege, Gewalt, Hunger, Terror und Hass, dann überkommt einen das Gefühl, dass Gott seinen Job nicht macht.

Die vielen Einzelschicksale will ich dabei nicht ausklammern, denn die kommen ja immer noch dazu. Wer kennt keine tragischen Geschichten? Unfassbar schlimme Tode, Menschen, die unsägliches Leid erfahren, Krankheiten, die unheilbar sind?

Da kann man schnell auf die Idee kommen: Gott regiert nicht. Dieser anscheinend so liebevolle Gott zeigt nichts von seinem Reichtum. Wir fragen: Wenn es einen Gott gibt, wieso greift er nicht ein? Warum ändert er das alles nicht?

Ohne um den heißen Brei herumzureden: Ich kenne die Antwort auf diese Fragen nicht. Vielleicht werde ich sie eines Tages erfahren.

Aber bisher habe ich selbst große Fragen und keine klaren Antworten darauf. Ich habe nur eine leise Ahnung, wie das alles gedacht sein könnte, beziehungsweise einen Weg für mich entdeckt, der mir hilft. Ein Teil dieses Weges besteht in der Erkenntnis, dass das Warum nicht die beste und hilfreichste Frage ist. Das reißt mich manchmal aus dem Strudel der quälenden Überlegungen heraus.

Was mich an dieser Stelle trösten kann, ist Folgendes: Stellen wir uns mal kurz vor, es würde ein Ort existieren, an dem es kein Leid gibt. Eine Welt ohne Corona, ohne Krebs, ohne Tsunamis, Erdbeben oder Hurrikans. Oder um es noch weiter zu denken: eine Welt, in der niemand mehr sterben muss. In der es keinen Tod mehr gibt.

Okay, die Welt wäre schnell voll, wenn gleichzeitig immer noch Kinder geboren würden, das ist mir schon klar. Aber ich versuche, mich einem Idealbild zu nähern: eine Welt ohne Tod. Ohne Schmerz. (Weder am Knie, im Herz oder im Kopf. Keine!) Ein Ort ohne Tränen. Oder wenn es welche gibt, dann sind es Freudentränen.

Die Menschen, die dort leben, würden auch nicht so was wie Kriege, Unterdrückung, Ausbeutung, soziale Ungerechtigkeit etc. anzetteln. Alle wären auf Augenhöhe. Jeder hätte gesunde Beziehungen. Keiner wäre einsam, hätte aber die Erlaubnis, allein zu sein. Alle hätten einen echten Sinn im Leben, der an keine veränderlichen Bedingungen geknüpft wäre.

Es wäre eine Gesellschaft ohne verzweifelte Proteste, denn es gäbe einen wunderbaren, souveränen und liebevollen Herrscher, der jeden hört, sieht und sich um jeden kümmert. Es gäbe nichts, was uns Angst machen würde. Wir wären alle mutig, würden zu uns selbst stehen, würden uns und die anderen als wunderbare Geschöpfe wahrnehmen.

Kreativität, Schönheit, Vertrauen wären ungezügelt da. Fehler, wenn es sie denn gäbe, hätten keine Auswirkungen. Und die Musik! Die Musik erst. Wie himmlisch wäre die, bitte schön? Klänge, die du noch nie gehört hast, unbekannte Melodien, aber schöner als alles von Bach, Queen oder Stevie Wonder zusammen.

Wie sähe dieser unbeschreiblich schöne Ort aus? Vielleicht ja so:

Und ich sah einen neuen Himmel und eine neue Erde; denn der erste Himmel und die erste Erde sind vergangen, und das Meer ist nicht mehr. Und ich sah die heilige Stadt, das neue Jerusalem, von Gott aus dem Himmel herabkommen, bereitet wie eine geschmückte Braut für ihren Mann. Und ich hörte eine große Stimme von dem Thron her, die sprach: Siehe da, die Hütte Gottes bei den Menschen! Und er wird bei ihnen wohnen, und sie werden sein Volk sein, und er selbst, Gott mit ihnen, wird ihr Gott sein; und Gott wird abwischen alle Tränen von ihren Augen, und der Tod wird nicht mehr sein, noch Leid noch Geschrei noch Schmerz wird mehr sein; denn das Erste ist vergangen.

Offenbarung 21,1-4; LUT 84

So beschreibt es Johannes in der Offenbarung, und so stelle ich mir ein Königreich vor, in dem Gott regiert. Wer würde nicht gerne Teil davon sein?

Das ist so, als wäre man für Weltfrieden und Schokoladenpudding. Ich denke, es gibt durchaus einige Menschen, die sagen würden: »Das will ich auch. Auf jeden Fall!«

Nun stell dir vor, Gott spricht eine Einladung an dich aus: Sei Teil davon.

Doch wie?

Jetzt versuche ich mich mal an ein paar Schlussfolgerungen: Es gibt das Königreich Gottes. Das ist überall dort, wo Jesus ist. Jesus ist der Sohn Gottes. Christinnen und Christen folgen ihm nach. Die Auswirkung davon ist, dass die Reichtümer Gottes sichtbar werden, und Jesus lädt dich und mich ein, Teil davon zu sein. Durch den Glauben, durch Taufe und Abendmahl sind wir Teil von Christus. Das ist seine Einladung an uns.

Nehmen wir diese Einladung an, sind wir seine Multiplikatoren in der Welt. Seine Gemeinde. Bist du also ein Jesus-Nachfolger, dann bist du Teil seines Reiches. Und damit nicht genug! Als

Jesus-Nachfolger ist es unsere Aufgabe, genau dieses Königreich zu bauen, zu erweitern, auszubreiten, zu predigen, zu leben. Den Himmel auf die Erde zu holen, wie man so schön sagt.

Das können wir allerdings nicht selbst tun, sondern das kann nur Jesus in uns bewirken.

Genau das meint Jesus, wenn er vom Königreich Gottes redet, das mitten unter uns ist. Das schon jetzt da ist. Und zwar mit ihm. Mit seinem Kommen. An Weihnachten feiern wir das.

Es ist keine Vertröstung auf später, sondern ein Geschenk für unser Heute und Jetzt. Oder um es mit Günter Schabowski zu sagen, der am 9. November 1989 erklärte, diese Regelung trete nach seinem Wissen »sofort, unverzüglich« in Kraft.

Träumst du von so einer Welt, wie sie in der Offenbarung gemalt wird? Wie stellst du dir diese Welt idealerweise vor?

EINE VISION FÜR JETZT UND FÜR SPÄTER

Ich finde es unfassbar tröstlich und aufbauend, zu wissen, wo es hingeht: eine Welt, die so geprägt ist, wie Gott sie sich gedacht hat, und in der Gott König ist. Das ist die Kernbotschaft Jesu. Darüber redet er. Gefühlt die ganze Zeit!

Schaue ich auf mein eigenes Leben, ist da viel menschliches Stückwerk, sind Fehler, Trägheit und andere Unvollkommenheiten drin. Aber trotzdem motiviert mich dieser Gedanke an das Reich Gottes immer wieder. Denn dort, wo dieses Königreich ist, herrscht Gottes Wille, seine Macht. Er hat das Sagen. Er ist kein menschlicher Herrscher, der in unsere Kategorien passt. Er sprengt sie.

Und die Beherrschten? Die fühlen sich wahrscheinlich gar nicht beherrscht, sondern in Liebe verbunden. Es gibt Friede. Freude. Gerechtigkeit. Ein kunterbuntes Miteinander, in dem sich nichts Böses findet, und das betrifft wirklich jeden Lebensbereich. Im Königreich Gottes ist Gott vollkommen und überall da. Es ist sein Königreich, sein Haus; und er lädt dich ein, Teil davon zu sein. Mit ihm ungekünstelt und echt in Beziehung zu treten.

Nun haben wir folgendes Problem: Das Königreich Gottes ist zwar jetzt schon da, aber es ist noch nicht in seiner vollen Schönheit und Größe angebrochen. Die Theologen nennen dies das »Schon jetzt und noch nicht«-Phänomen: Mit dem Kommen Jesu hat das Reich Gottes begonnen. Und wenn er wiederkommen wird in Macht und Herrlichkeit, wird er es vollenden. Darauf warten die Christen von Anfang an, und genau deshalb bauen sie mit an seinem Reich.

Das ist im wahrsten Sinne des Wortes spannend. Anspannend. Wir leben in einer Welt, die Jesus nicht kennt, aber *wir* kennen ihn. Oder: Wir leben in einer Welt, in der wir viele schlimme Dinge sehen oder erleben, aber die Hoffnung ist, dass es eines Tages anders wird. Dieses »Anderswerden« ist heute schon spürbar und sichtbar.

Die Kirche kann ein Raum dafür sein, aber wir werden sehen: Sie ist es nicht immer. Und vor allem ist sie es nicht nur. Deshalb stehen wir im ständigen Diskutieren und Prüfen: Was leitet uns an? Das Negative oder das Positive? Unsere »heilige Unzufriedenheit« (wie Bill Hybels es ausgedrückt hat) oder die Hoffnung, dass alles wunderbar wird? Erreichen wir die Welt oder erreicht die Welt uns?

Ich weiß nicht, wie das bei dir ist, aber ich persönlich bin Optimist. Ich bin kein Idealist, aber optimistisch unterwegs. Das bedeutet: In allen Dingen sehe ich erst mal das Positive. Meine Frau zum Beispiel ist eher pessimistisch unterwegs. Rate mal, wer mehr Spaß im Leben hat?

Aber Spaß beiseite: Wie betrachtest du diese Welt? Eher pessimistisch oder eher optimistisch? Ist das Glas halb leer oder halb voll? Wird alles schlimmer oder besser?

Schaue ich mir unsere mediale Landschaft an, bekomme ich schnell den Eindruck, es gehe immer weiter bergab. Gerade im Corona-Jahr 2020 war alles so trübe, dass ich beim Lesen und Sehen von Nachrichten immer depressiver wurde. Angst regierte. Karl Lauterbach ist bestimmt ein netter Zeitgenosse, aber ich konnte ihn nicht mehr sehen. Und Christian Drosten nicht mehr hören. An einem gewissen Punkt habe ich für mich persönlich gesagt: Schluss mit Corona. Ich musste mich mit anderen Themen beschäftigen.

Irgendwann im Jahr 2020 kam dann der Hoffnungsschimmer: BNT162b2. Als ich den Namen das erste Mal gelesen habe, dachte ich mir: »Hättet ihr das Ding nicht einfach *Penicillin 2.0* nennen können?«

Aber mich hat das richtig in Hochstimmung versetzt. Ich war wirklich begeistert: Ein Impfstoff ist entdeckt! Endlich! Ein Ende ist in Sicht! Juhu! Eine gute Botschaft, sogar in den Nachrichten!

Kurze Zwischenfrage: Wie hast du diese Zeit erlebt? Hast du gedacht: Alles schlimm? Oder: Alles wird wieder gut? Hat dich die Zeit der Corona-Pandemie verrückt gemacht oder bist du »cool« geblieben? Oder hast du dich manchmal sogar betrogen gefühlt?

Ich kann mir vorstellen, dass man die Vision aus der Offenbarung auch so ähnlich auffassen könnte. Vielleicht denkst du dir: »Okay, das ist nett. Aber das ist für später mal. Eine Vertröstung – mehr nicht. Denn in meiner Lebensrealität, in meinem Alltag spielt das überhaupt keine Rolle. Es schenkt mir vielleicht Trost, wenn ich mir abends vor dem Schlafen Sorgen mache, aber zu mehr reicht es eigentlich nicht.«

Viele Theologen meinen ebenfalls, dass diese Vision ein Bild vom »Später« malt. Wenn überhaupt. Ja, okay.

Aber dem stelle ich einen Satz Luthers entgegen: *Scriptura sacra sui ipsius interpres.* Diesen Satz eins zu eins ins Deutsche zu übertragen, ist gar nicht so easy. Oft wird er so übersetzt: Die Heilige Schrift legt sich selbst aus.

Wenn ich also eine Frage zur Bibel habe oder mir überlege, wie bestimmte Passagen der Bibel zu verstehen sind, schaue ich erst mal die Stellen an, die ich schon halbwegs verstehe. Und daraus schließe ich dann, wie ich anderes einordnen kann. Bibel erklärt Bibel. Oder besser noch: Was ist das Gesamtzeugnis der Bibel?

Dazu muss ich natürlich beachten, wo der jeweilige Text steht, von wem und wann er geschrieben wurde. Welche anderen Bibelstellen in diesem Zusammenhang auch wichtig sind und wo es insgesamt mit der Bibel hingeht. In unserem Fall ist für mich klar: Wenn Jesus vom Königreich Gottes spricht, hat er eine ähnliche Vision wie die von Johannes aus der Offenbarung vor Augen. Vielleicht nicht genau die gleiche. Aber er vermittelt ein Bild von der Zukunft, das Hoffnung weckt.

N. T. Wright schreibt: »Himmel ist der Raum Gottes, die vollständige Wirklichkeit, die unserer gewöhnlichen (›irdischen‹) Wirklichkeit sehr nahe und mit dieser verzahnt ist. Eines Tages werden Himmel und Erde für immer verbunden werden, und der wahre Zustand aller Dinge, der gegenwärtig nicht sichtbar ist, wird enthüllt werden.«[1] Wow!

Jesus erzählte, dass das Königreich Gottes durch ihn mitten unter den Menschen seiner Zeit sei. Er sagte nichts davon, dass es bei seiner Himmelfahrt schon wieder gehen würde. Es fing bei ihm an und hörte nicht mehr auf. »Jesus [ging] nach Galiläa und verkündete dort die Botschaft Gottes. Er sagte: ›Die Zeit ist gekommen, das Reich Gottes ist nahe. Kehrt um und glaubt diese gute Botschaft!‹« (Markus 1,14-15; NGÜ).

Was das genau bedeutet, schauen wir uns im nächsten Kapitel an. Aber für jetzt will ich mal festhalten und hoffe, es kam bei dir an: Gottes Königreich ist da. Ein 500-Euro-Schein voller Reichtümer Gottes für dich und für mich. Wie diese Reichtümer aussehen, darum geht es in den nächsten Kapiteln. Für jetzt kann ich schon mal Folgendes festhalten:

Es gibt das Königreich Gottes – überall dort, wo Gott spürbar wird. Mit Jesus kam es in die Welt. Er lädt dich und mich ein, Teil davon zu sein. Und wir sollen dieses Reich ausbreiten.

Wie das gehen kann? Davon später mehr! Also: Ich habe Bock!

2. TOR FÜR DEUTSCHLAND! –
Was ist das Evangelium,
das Jesus verkündigt hat?

WM 2006. Viertelfinale. Deutschland–Argentinien. 17 Uhr. Das Spiel geht los und zieht uns in seinen Bann. Wird die deutsche Elf, die zwei Jahre zuvor bei der EM noch sang- und klanglos in der Vorrunde ausgeschieden ist, es schaffen, gegen den Favoriten aus Argentinien zu siegen? Gut, man spielt zu Hause. Das *Wirgefühl* kommt wieder hoch. Eine Mannschaft, mit der man sich identifizieren kann. Aber sind Lahm, Lehmann und Odonkor gut genug?

Ich bin zu Hause und ich schaue mir das Spiel an. 1:0 für Argentinien: Ayala. Kopfballtor nach einer Ecke. Ein Mist. Es war unverdient. Aber so ist es eben. Deutschland kämpft weiter. In der 80. Minute erzielt Miroslav Klose dann den Ausgleich. Verlängerung. Und ich … muss los.

Grund war die feierliche Zeugnisausgabe der Abiturienten, und ich musste zur Chorprobe, um im Anschluss auf besagter Veranstaltung zu singen. Ich schwang mich aufs Fahrrad und fuhr in drei Minuten durch die Crimmitschauer Innenstadt, bis ich am Theater war.

Mein Herz schlug schnell und mein Adrenalinpegel war hoch. Meine Gedanken waren in Berlin. Beim »falschen« Nationaltorwart Jens Lehmann. Ich war und bin für Team Kahn. Für mein Kindheitsidol Jürgen Klinsmann, der die deutsche Fußballwelt aus der Lethargie herausgeholt hat. Und ich wusste: So wie mir ging es vielen anderen auch. Mit einigen der Absolventen spielte ich

Fußball beim »ruhmreichen« FC aus meiner Heimatstadt. Denen war es doch egal, was sie für einen Abi-Schnitt hatten. Hauptsache, Deutschland wird Weltmeister!

Handys mit Newstickern gab es damals noch nicht, und so wurde mir erzählt, dass bei der Zeugnisausgabe jemand mit einem Kofferradio im Publikum saß. Er bekam die Aufgabe übertragen, sich zu melden, falls was passierte.

Ich sprintete in den Ballettsaal, wo sich der Oberstufenchor traf. Ich kam, wie so oft, zu spät. Aber dieses Mal mit gutem Grund. Es ging ja schließlich um Deutschland! Hallo? Mein Chorleiter konnte sich einen Kommentar nicht verkneifen.

Kurze Zeit später stand ich auf der Bühne, im feinen Hemd, leicht verschwitzt, etwas zitternd, weil ich nach dem Text suchte, und sang als Solostimme ein halbwegs schönes und freudiges »Don't worry, be happy«. Manchmal kann es im Leben echt zynisch zugehen.

Gott sei Dank waren wir zu Beginn der Veranstaltung dran. Nachdem wir fertig waren, stürmte ich mit einer guten Freundin aus dem Theater. Wir liefen über rote Ampeln – es fuhren ohnehin keine Autos – und rannten rüber zum Dönerladen. Dort war ein Fernseher.

Elfmeterschießen. Völlig außer Atem sah ich Oliver Kahn, wie er Jens Lehmann viel Erfolg wünschte. Und Deutschland gewann tatsächlich 4:2 nach Elfmeterschießen. Lehmann war der Held und ich kannte kein Halten mehr. *Jaaa!!! Deutschland hat gewonnen!*

Ich umarmte fremde Männer, die nach Bier, Döner und Schweiß rochen. Wir gingen raus. Zogen freudentrunken nach Hause. Allen wollte ich es am liebsten erzählen: »*Wir* haben gewonnen!« Obwohl mir klar war, dass der jeweilige Empfänger dieser Nachricht es wahrscheinlich schon wusste, hätte ich sie trotzdem jedem und jeder zugerufen. Denn diese Botschaft war einfach überwältigend.

GRUND ZUM JUBELN

Nun stell dir vor, du sitzt sonntags in der Kirche beim Gottesdienst. Der Prediger steht vorne und sagt: »Corona ist vorbei.«

Okay. Ich sitze hier noch mitten im Lockdown. Wenn du diese Zeilen liest, haben wir das Ding hoffentlich schon weitestgehend in Griff. Aber du weißt, wie dieses Thema unsere Welt in Atem hielt. Menschen starben, andere wurden arbeitslos, ihrer Freiheit beraubt. Einfach nicht besonders knorke, dieses Corona-Virus.

Also, stell dir vor, der Prediger hat diese Information als Allererster in der Gemeinde und verkündet nun: »Ihr lieben Freunde, ab heute ist Corona Geschichte. Weg mit der Maske. Ihr müsst ab jetzt keinen Abstand mehr halten. Ihr dürft singen, und zwar immer und überall. Unser ›normales‹ Leben hat wieder Einzug gehalten. Alles ist vorbei. Ist das nicht wunderbar?«

Bestimmt kannst du dir ausmalen, wie die Menschen reagieren würden: Erst ungläubig, aber dann immer zuversichtlicher würden sie feststellen: »Freiheit! Juhu! Ich darf endlich wieder machen, was ich möchte!« Und sie würden aufeinander zugehen und sich umarmen, singen, dass Gott wunderbar ist, und alles wäre supi! Fast so wie damals, als Deutschland Argentinien bezwang.

Nun steht der Prediger zwar vorne, sagt aber nichts über Corona oder Jens Lehmann. Keine Deutschland-Flaggen werden geschwungen. Keiner wirft FFP2-Masken von sich weg. Sondern der Prediger verkündet am Ostersonntag: »Er ist auferstanden.«

Und die Gemeinde antwortet im müden Gleichton: »Er ist wahrhaftig auferstanden!« Keiner rastet aus. Keiner jubelt. Es gibt kein Feuerwerk, kein »We are the Champions« schallt durch die Kirche. Auch kein »Dieser Weg« von Xavier Naidoo oder Sportfreunde Stillers Aufzählung der WM-Erfolge: »'54, '74, '90, 2006 ...«.

Nur ein wunderschönes, aber auch echt molliges »Christ ist erstanden von der Marter alle. Des solln wir alle froh sein ...«

Aha. Sollen wir also. Also entweder *sind* wir froh oder wir sind es nicht, oder? Dieses Lied mit diesem »Sollen« finde ich immer komisch. Werde ich jetzt zur Freude gezwungen?

Statt auf die Botschaft von der Auferstehung mit einem unbeschreiblichen Jubel zu reagieren, kommt eben nur ein beiläufiges »wahrhaftig«. Ein Wort, das ich ehrlich gesagt nur zu Ostern sage (und es manchmal in meiner Lutherbibel lese). Klischeemäßig würde man in einer charismatischen oder »jugendorientieren« Gemeinde so lange »Der Herr ist auferstanden« sagen, bis die Reaktion darauf so enthusiastisch klingt, dass die Stimmung explodiert und mindestens an die von Jens Lehmann gehalten Elfmeter erinnert.

Aber mal ganz ehrlich: Ich erwische mich ja zu oft selbst bei der oben beschriebenen Gleichgültigkeit. Es ist kein großes Ding mehr, wenn man jedes Jahr zu Ostern davon hört. Oder wie *Wir sind Helden* mal sangen: »Die Zeit heilt alle Wunder«. Auch das Überwunder. Auch *das* Wunder schlechthin. Zumindest in der Wahrnehmung. Ob es dir ähnlich geht, darfst du für dich selbst beantworten.

Nun ist dieses Überwunder ja der Inbegriff des Evangeliums, der Frohen Botschaft. Paulus definiert sie so: »Dass Christus gestorben ist für unsre Sünden nach der Schrift; und dass er begraben worden ist; und dass er auferstanden ist am dritten Tage nach der Schrift; und dass er gesehen worden ist von Kephas, danach von den zwölfen« (1. Korinther 15,3-5; LUT 84).

So wie ich nach dem verschossenen Elfmeter von Esteban Cambiasso fast einen Herzinfarkt bekommen habe, muss es doch damals auch den Jüngern gegangen sein, als ausgerechnet die Frauen kamen und sagten: »Jesus ist auferstanden!«

Spannend finde ich, dass das Überbringen dieser Botschaft analog, also ohne Technik, vonstattenging. Wie bei der Abiturzeugnisausgabe im Zeitalter vor Smartphones. Hatte man damals den Auftrag, etwas weiterzugeben, dann musste man laufen. Zu Fuß. Die ganze Strecke für eine gute Botschaft. Ohne Newsticker, nur pures Evangelium.

EINE GUTE NACHRICHT

Evangelium. Ein Wort, das wunderbar ist. So wurden Botschaften genannt, die gut waren, beispielsweise »Der Krieg ist vorbei« oder »Der Kaiser hat einen Sohn geschenkt bekommen!« Beides waren wichtige Nachrichten in der Antike. (Übrigens ist es sehr schade, dass die Geburt einer Tochter kaum der Rede wert war.)

In der Bibel spielt das Wort Evangelium ebenfalls eine große Rolle. Die Berichte von Jesus werden so genannt, und was wir dort lesen, ist nicht nur eine Biografie, sondern es verändert alles.

Der Tod und die Auferstehung Jesu sind wohl die größten Meilensteine in der Menschheitsgeschichte, wobei witzigerweise die Geburt Jesu als historischer Nullpunkt genommen wurde. Aber trotzdem: Gottes Sohn stirbt und Gottes Sohn lebt. Halleluja. Bitte jetzt ausrasten! Auch du! Ekstase! Freude!

Aber was war eigentlich das Evangelium, das Jesus selbst verkündet hat? Ich kann dir sagen: Es war ein anderes Evangelium als das, was wir heute – ganz in der paulinischen Tradition – darunter verstehen. Denn Jesus konnte nur schwer seinen Tod und seine Auferstehung als das große Ding anpreisen, wenn er zu dem Zeitpunkt der Verkündigung noch quicklebendig war. Er hat Wasser in Wein verwandelt, den Menschen neue Perspektiven auf Gott und die Welt geschenkt und mit so manchem Tabu der damaligen Zeit gebrochen.

Welche Richtung sein Evangelium hatte, zeigen drei wichtige Bibelstellen. Sie stehen jeweils zu Beginn der Jesus-Biografien, die wir im Neuen Testament finden:

- Markus 1,15: »Er [Jesus] sagte: ›Die Zeit ist gekommen, das Reich Gottes ist nahe. Kehrt um und glaubt diese gute Botschaft!‹« (NGÜ).
- In Lukas 4,44 wird berichtet: »Von da an verkündete er die Botschaft vom Reich Gottes überall in den Synagogen des jüdischen Landes« (NGÜ).
- Matthäus 4,17 zitiert Jesus folgendermaßen: »Kehrt um! Denn das Himmelreich ist nahe« (NGÜ).

Anscheinend ist Jesus also mit folgender Message durchs Land gezogen: »Umkehren!« Und: »Das Himmelreich ist nahe herbeigekommen.« Gut. Gecheckt. Aber was bedeutet das eigentlich?

Vielleicht hast du dich ja schon mal gefragt, warum das Neue Testament ausgerechnet mit dem Matthäusevangelium beginnt. Die meisten Forscher sind sich nämlich darin einig, dass Markus früher abgefasst wurde, also zeitlich näher an das Leben Jesu herankommt.

Warum steht dann das Matthäusevangelium ganz vorne? Weil es am längsten ist? Oder am schönsten?

Vielleicht, weil es den ersten Christen sehr wichtig war. Vielleicht, weil es das Evangelium war, das am weitesten verbreitet war. Vielleicht, weil es mit einem Stammbaum beginnt und damit eine alte jüdische Tradition aufgreift: Jeder muss seine Familiengeschichte bis Adam und Eva nachvollziehen können. Zumindest ist das ein »Nice to have« mancher jüdischer Lehrer. Aber zurück zur Frage: Warum gerade Matthäus als Erster?

Wenn das mit dem Stammbaum besonders wichtig ist, dann hätte man auch einfach Lukas nehmen können, denn da kommt der Stammbaum Jesu immerhin im dritten Kapitel. Schließlich hat Lukas ja auch einen super Namen. Und außerdem stehen in seinem Bericht viele schöne Geschichten und Wunder. Man denke ans »verlorene« Kapitel 15: das verlorene Schaf, die verlorene Münze und die beiden verlorenen Söhne. Aber nein: Man startet mit Matthäus. Warum?

Vielleicht ist das ja nur meine persönliche Brille beziehungsweise Meinung, aber in keinem anderen Evangelium spricht Jesus *mehr*. Nirgends sonst hält er so lange Predigten. Suchst du nach Jesus-Zitaten, ist das Matthäusevangelium eine willkommene Fundgrube. Und in keinem anderen der vier Berichte über das Leben Jesu steht das Reich Gottes so zentral im Blickpunkt wie hier. Auch in den Evangelien von Markus und Lukas geht es um das Thema Reich Gottes. Selbstverständlich. Aber dort wird es nicht ganz so umfassend erklärt wie bei Matthäus.

Das zeigt sich schon zu Beginn. Nach den ersten beiden Kapiteln, wo es neben dem Stammbaum um Matthäus' Perspektive auf Weihnachten geht, kommt schon Johannes der Täufer und ruft: »Kehrt um! Denn das Himmelreich ist nahe« (Matthäus 3,2; NGÜ). Damit beginnt bei Matthäus die Hauptgeschichte. Wenig später – nach Jesu Taufe und der Versuchungsgeschichte – bestätigt Jesus das, was Johannes über ihn ausgerufen hat, und hat die gleiche Botschaft wie er (Matthäus 4,17; NGÜ).

Da ist er also. Dieser Satz: »Kehrt um! Denn das Himmelreich ist nahe.« Er ist das Programm Jesu. Damit ging er ungefähr drei Jahre auf Tour durch ganz Israel. Es ist eine Art Werbeslogan, wie »O2 – can do« oder »Geiz ist geil«. Nur eben nicht so reißerisch und viel umfassender. Das ist sein Evangelium.

Schauen wir uns doch mal die beiden Teile seiner Botschaft genauer an: das »Kehrt um!« und das nahende Himmelreich.

WAS BEDEUTET BUSSE?

Wenn du eine Lutherbibel aufschlägst, findest du statt »Kehrt um« den Ausspruch »Tut Buße«. Und ganz ehrlich: Wenn ich diese kleine Aufforderung höre, habe ich oft schon keine Lust mehr. Das klingt so nach Mittelalter und mir persönlich auch etwas zu sehr nach deutscher Kernseife. »Tut Buße!« Im Hintergrund sieht man fast schon die lodernden Flammen der Hölle ... Statt dass diese Worte Hoffnung wecken, könnte man eher meinen, religiöse Fanatiker hätten mal wieder ein besonders offensives evangelistisches Projekt gestartet.

Sätze, die so klingen, schrecken mich echt ab, weil sie in eine verkappte Werksgerechtigkeit führen können: Ich muss… etwas Bestimmtes leisten. Ich muss? Ja was denn nun? Die Worte »Umkehren« und »Buße tun« sind einfach nicht sexy und kommen daher selten gut an.

Schade. Denn dieses Wort, das Jesus hier benutzt, wird leider oft so vom griechischen Urtext ins Deutsche übersetzt. Aber man kann es auch mit »anders denken« oder, besser noch, mit »neu denken« übersetzen. Das würde dem ursprünglichen Begriff meiner Ansicht nach auch viel mehr entsprechen als beispielsweise »Buße tun«.

Stellen wir uns also vor, Jesus hätte gesagt: »Denkt neu! Denn das Himmelreich ist nahe.« Das hätte doch eine ganz andere Wirkung, oder nicht? Welche Energie und welche Kreativität dieser Gedanke freisetzen könnte!

Bei der US-Sitcom *How I Met Your Mother* gibt es Barney. Einen Frauenheld, der versucht, verschiedene Regeln zu befolgen. Eine lautet: »New is always better.« Also so viel wie: »Neu ist immer besser.« Er bezieht das oft auf Frauen, weswegen er auch ständig eine Neue an der Angel hat.

Aber der Gedanke, dass neue Dinge oft viel besser sind, begegnet uns tatsächlich auch in der Bibel. Ist etwas neu, dann ist es frisch, unverbraucht, überraschend, verändernd.

Sicherlich ist nicht alles Neue besser, aber vieles, was neu ist, hat das Ziel, unsere Lebensqualität zu verbessern. Handys beispielsweise haben unser Leben extrem revolutioniert. Die Kommunikationswege haben sich gewandelt. Es geht leichter als früher, mit anderen Kontakt zu halten, zu reden, zu schreiben. Dass wir es damit oftmals übertreiben, steht auf einem anderen Blatt. Aber es handelt sich um eine revolutionäre Neuerung mit vielen Chancen und großem Potenzial.

Oder was wären wir heute ohne Strom, Räder, Klamotten, Häuser... Man kann die Liste endlos fortführen. Erfindungen gehören zu uns Menschen dazu wie der FC Bayern in die Champions League (und in keine Superleague).

Eine Neuerung ist zwar immer mit einer Umstellung verbunden, aber sie beinhaltet auch eine riesengroße Chance, unsere Welt ein kleines bisschen besser zu machen. Das steckt für mich zentral in dem Begriff »neu«.

Ein neuer Tag gibt mir neu die Chance, Gott ganz anders nachzufolgen; sprich: die Menschen in meinem Umfeld zu lieben, zur Stille zu kommen, Gott zu ehren, die Bibel zu lesen oder auch Sport zu treiben, Zeit für Genuss und Gemeinschaft zu reservieren, neue Kunst und Musik wahrzunehmen... eben Gottes Liebe neu für mich zu entdecken.

Ich glaube, dass Jesus genauso Neues in Angriff nehmen will. Er lädt dich und mich ein zu überlegen:

- Wo sind wir falsch unterwegs?
- Wo denken wir alt und festgefahren anstatt neu und ergebnisoffen?
- Wo herrscht bei uns Vergangenes, das neue Möglichkeiten ausbremst?
- Wo erleben wir nicht die Leichtigkeit, die ein Leben mit Jesus uns anbietet?

EHRLICH BILANZ ZIEHEN

Mir ist aufgefallen, dass unter Christen »Buße« und »Beichte« oftmals als dasselbe betrachtet werden. Und ja, in der Buße steckt das Be-ich-ten durchaus mit drin: Ich muss erst mal bewerten, wo ich stehe: Was sind Stärken, Schwächen, Verletzungen, Berufungen? Was sollte ich mal beim Namen nennen, das mich und mein Herz schon lange beschwert? Wer bin ich überhaupt? Und was hat das mit Gott oder meinem Umfeld zu tun?

Ich habe es in meinem eigenen Leben und bei anderen schon oft erlebt: Spreche ich schlimme Dinge, Defizite, Sünden erst einmal vor jemand aus, dann verlieren sie an Kraft, und ich erhalte die Chance, darauf zu reagieren. In der Be-ich-te bekomme ich die Möglichkeit, diese Lasten loszuwerden.

In diesem Sinne ist die Be-ich-te ein wichtiger, heilsamer Prozess, der mich dazu befähigt, Neues in Angriff zu nehmen. Ich stehe zu mir. Ich gestehe mir ein, dass nicht alles in meinem Leben wunderbar läuft, sondern vieles eine falsche Richtung eingeschlagen hat. Be-ich-te kann geschehen im Miteinander, in einer Gruppe, aber auch wenn ich »alleine mit meinem Herrn« bin.

Und ich denke, dass wir das brauchen. Ich selbst brauche es zumindest immer wieder. Das gibt mir eine echte Chance für einen Neuanfang. Und ja, manche Dinge brauchen Zeit, und manches wird auch nie weggehen. Aber neue Ufer erreiche ich nur, wenn ich das alte hinter mir lasse. Das kann in der Be-ich-te geschehen.

Im Wort Buße ist also immer auch die Frage enthalten: Was muss neu werden?

Wenn Jesus dieses Wort benutzt, sagt er damit: Wir brauchen neues Leben von Gott! Um in ein paar biblischen Bildern zu sprechen: neuen Wein in neuen Schläuchen. Den (er)neuerten Menschen. Neues Land. Die neue Welt. Das Land, in dem Milch und Honig fließen.

Eben die neue Stoßrichtung, in der wir Jesus neu nachfolgen dürfen. Das kleine bisschen Revolution, das große Kreise zieht und unsere Welt grundsätzlich verändert. Das ist Buße. Ich lerne, neu zu denken. Und auch, das Neue kennenzulernen. Ich bin also im besten Sinne neugierig. Ich möchte es unbedingt erleben!

Vielleicht könnte man hier also auch schreiben: Erneuert euer Denken! Denn das tut gut. Die Freiheit der Kinder Gottes bedeutet eben auch: Ich darf neu anfangen und mit dem, was Gott mir anvertraut hat, ganz frisch und unvoreingenommen nach vorne blicken.

Deshalb möchte ich dir (und mir) Mut machen: Lasst uns neu denken lernen.

»DAS HIMMELREICH IST NAHE«

Die Begründung Jesu lautet: »… denn das Himmelreich ist nahe.« Pfiffige Leser werden schnell feststellen, dass dort gar nicht »Königreich Gottes« steht. Richtig. Sehr gut erkannt. Mein Papa hat in der Schule auf eine ähnlich richtig beantwortete Frage die Beurteilung des Lehrers gehört: »Sehr gut. Eine Drei!« Mittlerweile ein geflügeltes Wort in unserer Familie … Denn: Ja, das stimmt, dort steht »Himmelreich« und nicht »Königreich Gottes«.

Im ganzen Matthäusevangelium wirst du diese Spannung erleben. Meistens ist dort vom Himmelreich und seltener vom Königreich Gottes die Rede. Beides meint aber dasselbe. Warum werden dann verschiedene Begriffe verwendet?

Man geht davon aus, dass Matthäus sein Evangelium vor allem für Menschen geschrieben hat, die einen jüdischen Background hatten. Ohne einen Blick ins Judentum hineinzuwagen, kann es deshalb schwierig sein, dieses Buch gut zu verstehen. Zu diesem Thema gibt es weitaus bessere Experten, als ich es bin. Aber vielleicht lässt du mal folgende Erklärung auf dich wirken:

Im Judentum wurde der Gottesname »Jahwe« nicht ausgesprochen. Er ist heilig und soll etwas Besonderes bleiben. Das Geheimnisvolle nicht verlieren. Und deshalb wurden entweder »Spitznamen« verwendet, um von Gott zu sprechen, oder er wurde mit sprachlichen Mitteln umschrieben. Das ganze Alte Testament ist voll von verschiedenen Gottesnamen.

Matthäus nutzt genau diesen Punkt hier ganz praktisch aus. Viele Juden sollten lesen, dass Jesus der Sohn Gottes ist. Er ist der Messias (darauf komme ich später noch zurück). Aber wenn die Leser nun im Matthäusevangelium dauernd den Begriff »Gott« finden würden, könnten sie denken: »Blasphemie!« Also Gotteslästerung. Es würde sie abschrecken und würde Matthäus' Autorität untergraben. Um dieses Problem zu umgehen, redet Matthäus einfach ganz oft vom Himmelreich oder dem ewigen Leben und nicht explizit vom Königreich Gottes. Trotzdem geht es ihm nicht nur um das, was mal sein wird – irgendwann mal. Sondern gezielt um das Hier und Jetzt. Das Himmelreich ist nahe herbeigekommen und schon da. Sagt Jesus.

Was heißt das ganz praktisch? Es gibt Menschen, die glauben wie ich an Gott. Die lesen die Bibel, wollen ihr folgen und richten ihr Leben auf Jesus aus. Und trotzdem würden sie niemals sagen: »*Wir* bauen das Königreich Gottes.« Sondern: »Gott allein baut das Königreich Gottes und wir können nichts dazu beitragen. Nichts.«

Gott soll wirken unter uns. Nicht wir. Nach dem Motto: Der Geist weht, wo er will, und ich spüre kein Lüftchen.

Aber hier kommt der Clou: Gott hat sich dazu entschlossen, mit dir, mit mir, mit uns sein Königreich zu bauen. Um das Bild noch mal aufzugreifen: Er gibt dir einen 500-Euro-Schein in die Hand und sagt: »Lass uns diese Welt gestalten.«

Und mein Gebet ist es, dass wir das immer mehr erleben. Überall. In allen Lebensbereichen. Manchmal bekommen wir es gar nicht mit, wenn das geschieht. Aber überall dort, wo ich das schon erleben durfte, hat es mich und das Leben vieler anderer extrem bereichert. Und diesen »Reichtum« Gottes brauchen wir so dringend in dieser Welt!

Deswegen dieses Buch. Deswegen die Botschaft von Jesus. Und das Jesus-Argument schlägt ja wohl alle anderen, oder?!

Also: Wenn ich das alles weiß und lese das Matthäusevangelium, dann fällt mir die Kinnlade runter. Plötzlich hat es was mit mir heute zu tun. Mit meinem Jetzt. Nicht nur mit meinem Später.

Allerdings interessiert mich auch das Früher. Nämlich die Frage, ob es eigentlich auch für das Königreich Gottes eine Art »Stammbaum« gibt. Oder um es mal anders zu formulieren: Ist Jesus der Erfinder dieses Reiches? Benutzt er diesen Begriff als Allererster oder wird es auch schon im Alten Testament erwähnt?

Ich finde diese Frage sehr herausfordernd. Sie katapultiert uns nämlich in eine Zeit, die *noch* weiter zurückliegt als zweitausend Jahre. Ich möchte dich mit hineinnehmen in einige Gedanken, die schlaue Männer schon damals gedacht haben, und mit dir entdecken, wie Gott mit ihnen und durch sie sein Reich gebaut hat. Darum geht's im nächsten Kapitel.

3. KÖNISCH! – Wer hat das Sagen im Königreich Gottes?

Was ist der Unterschied zwischen Königin Elisabeth II. von England und Boris Johnson? Beide sind Staatsoberhäupter von England. Okay, offiziell ist es nur die Queen, aber Boris Johnson ist Premierminister und kümmert sich um die wirkliche Regierungsarbeit. Königin Elisabeth nickt eher alles ab – oder auch nicht. Ähnlich wie unser Bundespräsident.

Aber das meine ich nicht. Auf mich wirkt Boris Johnson wie ein Machthaber: jemand, der die Macht hat, Dinge zu bewegen und zu bewirken. Er lenkt die Geschicke des Landes. Obwohl er manchmal auch etwas zerwuschelt erscheint und irgendwie so, als wäre er fehl am Platz. (Das ist zumindest meine persönliche Wahrnehmung.) Aber: Er hat Autorität.

Die Queen hingegen *ist* eine Autorität. Sie ist eine wahre Königin, eine Regentin. Man hat geradezu Ehrfurcht vor dieser kleinen Dame. Nicht nur, weil sie steinalt ist, sondern weil vieles, was sie sagt, Hand und Fuß hat. Und sie wohnt in Häusern, von denen der »normale« Mensch nur träumen kann: in prunkvollen Palästen und Schlössern.

Könige oder Machthaber können also ganz unterschiedlich auftreten und ganz unterschiedliche Reaktionen auslösen. Die Frage, die ich mir stelle, lautet nun: Was ist Gott denn für ein König? Oder: Was für ein König ist Jesus?

DAS VOLK ISRAEL UND SEINE REGENTEN

Wenn man ins Alte Testament schaut, sieht man, wie die Israeliten versuchten, Gott als ihren König anzuerkennen und ihm
zu gehorchen. Seine Kommunikationswege fanden jedoch nicht
immer Anklang bei ihnen, denn meistens sprach Gott »nur« zu
Einzelnen. Das minderte seine Botschaft zwar überhaupt nicht,
aber irgendwie war er dadurch nicht greifbar. Und so wuchs der
Wunsch im Volk: Wir brauchen einen menschlichen König!

Ganz ehrlich, an Gottes Stelle hätte ich das nicht zugelassen.
Wer könnte denn ein besserer Regent sein als der Schöpfer des
Himmels und der Erde? Wer, wenn nicht der Befreier aus der
Gefangenschaft in Ägypten? Der ihnen das Land, in dem Milch
und Honig fließen, geschenkt hatte? Und der sie durch so viele
atemberaubende Wunder versorgt hatte? Wer?

Aber nein: Das Volk Israel wollte einen Menschen aus Fleisch
und Blut auf den Thron setzen. Jemand, den sie direkt fragen
konnten. Und vielleicht auch jemand, den sie einfach wieder
stürzen konnten. Einen Sündenbock. Die arme Sau, die dafür
verantwortlich gemacht werden konnte, wenn es mal wieder Pro-
bleme gab.

Und so losten sie einen König aus: Saul. Und der war schon ein
spezieller Typ, dessen Fehler oftmals auf sein großes Ego zurück-
zuführen waren. Er hatte wahrscheinlich so etwas wie ein Burn-
out oder Depressionen, jedenfalls bekam er schlimme Wutausbrü-
che. Er war unberechenbar. Und er konnte es kaum ertragen, dass
Gott schließlich jemand anderes berief, den er für besser geeignet
hielt: König David. Den König David, der als *das* Beispiel gilt. An
dem mussten sich alle übrigen Könige messen lassen.

Wenn du das Chronik-Buch liest, hast du hinterher das Gefühl, dass David nahezu makellos war. Andere Bücher im Alten Testament hinterlassen da einen anderen Eindruck. Was aber deutlich wird: David war ein Mann nach dem Herzen Gottes. Und obwohl er Gott nicht immer gefolgt ist – er war ja ein Mensch wie du und ich –, war ihm Gottes Meinung wichtiger als jede andere. Das war der große Unterschied zu Saul (den man *Game of Thrones*-mäßig ruhig als den verrückten König bezeichnen kann).

Und Gott segnete das. Gott verherrlichte sich durch David, obwohl David auch echt viel Mist baute. Gott segnete seinen Weg. Und seine ganze Familie.

Sein Sohn Salomo baute den ersten Tempel in Jerusalem, weihte ihn feierlich ein und gewann in der ganzen damaligen Welt großes Ansehen. Dass Salomo mit siebenhundert Haupt- und dreihundert Nebenfrauen, die ihm ganz schön den Kopf verdrehten, gut zu tun hatte, gehört aber auch zur Wahrheit. Götzendienst und politische Fehlentscheidungen folgten darauf und führten am Ende seiner Herrschaft dazu, dass es politisch unruhig wurde.

Sein Sohn Rehabeam folgte ihm auf den Thron. Doch bevor das Volk ihn als Herrscher anerkannte, stellte es ihm eine Frage: Würde er Steuern und Lasten, die auf dem Volk lagen, erleichtern oder erschweren? Unter Salomo waren diese schon heftig gewesen, weil jeder, der baute, auch bezahlt werden musste. Rehabeam erbat sich Bedenkzeit, um seine Berater zu befragen.

Die Älteren waren sich sicher, dass er das Volk für sich gewinnen würde, wenn er Erleichterung versprach. Die Jüngeren waren gegenteiliger Meinung; sie meinten, er solle gleich von Anfang an als harter Kerl auftreten. Rehabeam hörte auf die Jüngeren und machte das dem Volk bekannt. Aber nicht nur irgendwie: Er beleidigte seinen Vater Salomo, der so ein riesiges Ansehen in Israel und darüber hinaus gehabt hatte, indem er sagte: »Mein kleiner Finger ist potenter als die ganze Liebeskraft meines Vaters« (der ja wohlgemerkt siebenhundert Haupt- und dreihundert Nebenfrauen gehabt hatte). Wow! Was für ein arroganter, selbstüberschätzender Move!

Das hatte zur Folge, dass sich das Volk in das Nordreich Israel und das Südreich Juda aufteilte – eine Trennung, deren Auswirkungen noch zur Zeit Jesu, also rund tausend Jahre später, zu spüren waren.

In den darauffolgenden Jahrhunderten kamen und gingen viele Könige, und fast alle machten es mehr schlecht als recht. Menschliche Herrscher missbrauchten ihre Macht immer wieder. Götzendienst, moralisch verwerfliche Taten bis hin zu Morden: Die Geschichte der Könige von Israel – sowohl vom Nord- als auch vom Südreich – ist keine schöne und ruhmreiche.

Und was tat Gott? Er war treu, aber seine Geduld wurde immer wieder auf die Probe gestellt. Trotzdem verschonte er das Volk mehrfach vor großen Verwüstungen. Er sorgte dafür, dass es überhaupt noch existierte. Das Land, in dem Milch und Honig fließen, war immer noch ein fruchtbares Land.

Gott nahm es ernst, dass sein Volk lieber einen menschlichen Herrscher haben wollte als ihn selbst. Es war kein Reich Gottes, sondern ein Reich der Menschen. So könnte man das durchaus beschreiben.

Schließlich endete das Ganze in einer vollkommenen Katastrophe! Dazu nehme ich dich mal mit hinein in die Situation des Volkes Israel, rund sechshundert Jahre bevor Jesus kam.

IM EXIL

Stell dir vor, du wärst jemand, der aus seiner Heimat vertrieben wurde. Ich meine, mittlerweile werden wir alle jemand kennen oder getroffen haben, dem es mal so erging. Und stell dir vor, du liebst deine Heimat. Deine Eltern und Urgroßeltern und viele andere Generationen vor dir haben dort schon gelebt.

Doch dann kam ein Heer, eine Volksmacht, die vieles, was dir lieb und teuer war, zerstört hat. Dir wurde die Grundlage zum Leben genommen. Und zu allem Überfluss wurdest du gefangen genommen und musstest eine lange Reise in ein unbekanntes Land antreten. Nicht zum Urlaubmachen. Nicht als Forschungsreise. Sondern als Entwurzelter, Gefangener und politischer Gegner.

Freunde von dir sind im Krieg gestorben. Beerdigen konntest du sie nicht. Und der König, der in deiner Heimat das Sagen hatte, führt den Gefangenenzug an, in dem du dich befindest. Er ist der Gefangene Nummer eins. Der Gott, auf dessen Zuspruch und Gnade dein Land aufgebaut wurde, ließ das zu. Sein Tempel wurde zerstört. Ein weiser Mann jener Zeit benutzt das Bild, dass Gottes Herrlichkeit wie ein seltsames Tier aus der Stadt ausgezogen sei. »Gott«, so denken viele, »hat uns in Stich gelassen. Er ist weg.«

Der Ort, an den du hinkommst, heißt Babel. Eine Weltstadt. Riesengroß. Sie ist international und für dein Gefühl ganz exotisch. Dir kommt alles komisch vor, unwirklich, wie ein schlechter Traum. Aber diejenigen, die dort regieren, scheinen okay mit dir zu sein. Sie ermorden dich nicht. Immerhin. Klar, sie zeigen dir Grenzen auf, aber du darfst erst mal sein. Du kannst dir eine neue Lebensgrundlage schaffen.

Trotzdem kreisen deine Gespräche mit den anderen Gefangenen immer wieder um eure zerstörte Heimat, die verlorene Schlacht und deren kolossale Folgen. Manche, mit denen du redest, verbieten sich diese Gedanken. Sie würden es nicht ertragen, diese Erinnerungen in sich aufsteigen zu lassen.

Alles in allem könnte man es aushalten. Trotz Sklaverei und Schmerz. Wenn da nicht diese großen Fragen wären: Sollen wir überhaupt noch an Gott glauben? Oder war alles eine große Täuschung und es gibt ihn gar nicht? Warum hilft er uns nicht?

Für manche ist Gott tot. Andere beten unbeirrt weiter. Tagein, tagaus. Ein Gebet aus dieser Zeit lautet:

An den Flüssen von Babylon saßen wir und weinten, wenn wir an Zion dachten. An die Weiden dort hängten wir unsere Zithern. Die uns gefangen hielten, forderten von uns, eines unserer Lieder zu singen; unsere Peiniger verlangten von uns, fröhlich zu sein: ›Singt uns eines eurer Zionslieder!‹ Doch wie könnten wir ein Lied für den Herrn auf fremdem Boden singen? Jerusalem, wenn ich dich je vergesse, dann soll meine rechte Hand mir ihren Dienst versagen! Meine Zunge soll mir am Gaumen kleben, wenn ich nicht mehr an dich denke, wenn Jerusalem nicht mehr meine allergrößte Freude ist! Herr, vergiss den Edomitern nie, was sie am Unglückstag Jerusalems getan haben, als sie riefen: ›Reißt die Stadt nieder, reißt sie nieder bis auf den Grund!‹ Du Stadt Babylon, die du einst verwüstet sein wirst – wohl dem, der dir einmal vergelten wird, was du uns angetan hast! Wohl dem, der deine Kinder packt und sie am Felsen zerschmettert!.

Psalm 137; NGÜ

Solche Psalmen finde ich verstörend. Wenn man den Hintergrund nicht kennt, erscheint einem dieser Text schrecklich. Es sind sehr harte und grausame Worte. Da gibt es wenig zu beschönigen. Und trotzdem steht so was in »meiner« Bibel?

Ja, steht es, und ganz ehrlich: Unter den beschriebenen Umständen kann ich dieses Gebet irgendwie sogar verstehen. Denn Wut, Hass, Gewalt und Erniedrigung müssen verarbeitet werden. Auf irgendeine Weise muss verbalisiert werden, was einen bedrückt, sonst wird man verrückt.

Und da bin ich schon ziemlich simpel gestrickt: Allein das zu benennen, die Dinge, die einem das Herz so richtig schwer machen, bewirkt oftmals schon, dass sie ihren Schrecken verlieren. Verborgenes wird offenbar. Dieses Gebet, so schlimm es auch ist, trägt zur seelischen Entlastung bei.

Einige Zeit vergeht. Doch immer noch fühlst du dich – um es mal mit dem ersten Deutschrap-Lied zu sagen – »fremd im eigenen Land«.

GRUND ZUR HOFFNUNG

Und dann kommt plötzlich eine Nachricht. Von Gott. Dem Totgeglaubten. Von dem, der sein Volk hierhergebracht hat. Oder, besser gesagt, der es nicht verhindert hat, sondern konsequent blieb. Er sagt: »Wach auf, Zion!«

Okay. Wenn jemand »Zion« sagt, dann klingt das für das Volk Israel wie »Heimat«.

»Wach auf, wach auf, Zion, zieh an deine Stärke! Schmücke dich herrlich, Jerusalem, du heilige Stadt!« (Jesaja 52,1; LUT). Okay. Noch mehr Heimat klingt da durch.

»Schüttle den Staub ab, steh auf, setz dich auf den Thron, Jerusalem! Mach dich los von den Fesseln deines Halses, du gefangene Tochter Zion!« (Jesaja 52,2; LUT).

Und wenig später sagt Gott: »Aber nun, was habe ich hier zu schaffen?, spricht der Herr. Mein Volk ist umsonst weggeführt; seine Tyrannen prahlen, spricht der Herr, und mein Name wird immer den ganzen Tag gelästert. Darum soll an jenem Tag mein Volk meinen Namen erkennen, dass ich es bin, der da spricht: Hier bin ich!« (Jesaja 52,5-6; LUT).

Das klingt nach Erlösung. Gott ist wieder da. Nein, er war nie weg! Wir sind sein Volk. Gott ist treu. Wiederherstellung ist spürbar. Es riecht nach Zukunft. Gott ist hier. Er ist mit uns in Babel. Was für eine wunderbare Botschaft! In der Bibel geht es an dieser Stelle mit einem wunderschönen Gedicht weiter:

Wie lieblich sind auf den Bergen die Füße des Freudenboten, der da Frieden verkündigt, Gutes predigt, Heil verkündigt, der da sagt zu Zion: Dein Gott ist König! Deine Wächter rufen mit lauter Stimme und jubeln miteinander; denn sie werden's mit ihren Augen sehen, wenn der Herr nach Zion zurückkehrt. Seid fröhlich und jubelt miteinander, ihr Trümmer Jerusalems; denn der Herr hat sein Volk getröstet und Jerusalem erlöst. Der Herr hat offenbart seinen heiligen Arm vor den Augen aller Völker, dass aller Welt Enden sehen das Heil unsres Gottes. Weicht, weicht, zieht aus von dort und rührt nichts Unreines an! Geht weg aus ihrer Mitte, reinigt euch, die ihr des Herrn Geräte tragt! Denn ihr sollt nicht in Eile ausziehen und in Hast entfliehen; denn der Herr wird vor euch herziehen und der Gott Israels euren Zug beschließen.

Jesaja 52,7-12; LUT

Die Botschaft, die der Freudenbote überbringt, lautet also: Gott ist König. Er wird wieder unser König werden. Nach allen menschlichen Desastern. Nach allen Versuchen, ihn außen vor zu lassen.

Das ist ein Evangelium! Die gute Nachricht, dass Gott nicht aufhört, König zu sein, erreicht Jerusalem, und seine Wächter rufen es ins ganze Umland. Und diese Botschaft dringt bis nach Babel. Gott ist da! Die Menschen freuen sich, denn Gottes Verheißungen werden wahr. Gott hat sein Volk und die Unterdrückten nicht vergessen!

Ich stelle mir das so ähnlich vor wie eine Szene aus dem Film *Herr der Ringe: Die Rückkehr des Königs.* Vielleicht kennst du ja die Stelle, wo die Signalfeuer gezündet werden. Pippin klettert einen steilen Felsen hoch und überlistet die Soldaten. Und so kann der Schein der Flammen über alle Berge hinweg bis ins Tal zum König dringen, der vor Kurzem seine Depression überwunden und neue Hoffnung geschöpft hat. Nun ist er bereit: Hilfe ist nah!

Wie gesagt, Jerusalem und das Volk Israel stecken immer noch in der größten Krise, die man sich vorstellen kann. Ist diese Botschaft also ein blanker Hohn für diejenigen, die in großer

Verzweiflung sind? Wie gut ist ein König, der abwesend ist? Und kann man diesem Gott, der all das Schreckliche einfach erlaubt, geduldet, ja bewirkt hat, neu vertrauen?

Die weitere Geschichte des Volkes Israel zeigt: Ja! Man kann. Auch wenn es noch Jahre gedauert hat, bis sich das alles erfüllte und das Volk wieder auf dem Zion war. Aber die Verheißung wurde wahr. Halleluja!

EIN MERKWÜRDIGER TRAUM

Was ich so aufregend finde, ist, dass genau in dieser schwierigen Situation im Exil ein Mann beginnt, den Begriff »Reich Gottes« zu verwenden, nämlich Daniel. Was ein Typ, oder?! Falls du ihn nicht kennst, lies mal das Buch Daniel. Es ist krass, was da beschrieben wird.

Denn Daniel bekommt von Gott eine geniale Fähigkeit verliehen: Er kann Träume deuten. Bei den wirren Gedanken, die ich nachts manchmal habe, würde ich mir das auch wünschen. Es wäre sicherlich ganz interessant zu wissen, was das alles bedeutet. Jedenfalls hatte Daniels Vorgesetzter, der babylonische König Nebukadnezar, einen merkwürdigen Traum. Ich erzähle ihn kurz nach:

Er träumte von einer großen, leuchtenden Statue in Form eines Menschen, die schrecklich aussah. Es war eine Skulptur, die aus verschiedenen Materialien bestand: Der Kopf war aus Gold, Brust- und Armbereich aus Silber, Bauch und Hüften waren aus Kupfer, die Beine aus Eisen, die Füße teils aus Eisen, teils aus Ton. Und dann kam ein großer, fetter Stein, der zermalmte alles »wie Spreu auf der Sommertenne, und der Wind verwehte sie, dass man sie nirgends mehr finden konnte« (Daniel 2,35; LUT). Der Stein wurde dann so mächtig, dass er größer und größer wurde und schließlich die ganze Welt erfüllte.

Das war Nebukadnezars Traum. Daniel kannte den aber nicht. Und so betete Daniel, woraufhin er diesen Traum mit der entsprechenden Deutung von Gott offenbart bekam. Darüber war Daniel sehr erleichtert, weil Nebukadnezar nämlich angedroht hatte, alle klugen Leute umzubringen, falls sie ihm nicht sagen konnten, was er geträumt hatte. Du siehst, der Nebukadnezar war ein harter Hund.

Daniel aber war kühn genug, um vor ihn zu treten und den Traum folgendermaßen zu deuten:

»Nebukadnezar, du bist das Haupt. Du bist aus Gold und du bist der König. Gott hat dich eingesetzt und dir dein Königreich ermöglicht. Wenn du eines Tages nicht mehr bist, kommt ein anderes Königreich, das zwar nicht so glorreich sein wird wie deines, aber es wird die Vorherrschaft innehaben. Danach folgt ein drittes Königreich, das vor allem als Heeresmacht stark sein wird. Und dann kommt das vierte Königreich. Eisen zerschlägt alles – so wird auch dieses Reich vieles zerstören. Dass die Füße der Statue aus verschiedenen Materialien bestehen, deutet darauf hin, dass dieses Königreich in sich gespalten und somit stark und schwach zugleich sein wird.«

Und dann kommt das Reich Gottes. Oder wie Daniel es beschreibt:

Zur Zeit dieser Könige wird der Gott des Himmels ein Reich aufrichten, das nimmermehr zerstört wird; und sein Reich wird auf kein anderes Volk kommen. Es wird alle diese Königreiche zermalmen und zerstören; aber es selbst wird ewig bleiben, wie du ja gesehen hast, dass ein Stein ohne Zutun von Menschenhänden vom Berg herunterkam, der Eisen, Bronze, Ton, Silber und Gold zermalmte. Ein großer Gott hat dem König kundgetan, was dereinst geschehen wird. Der Traum ist zuverlässig und die Deutung ist richtig.

Daniel 2,44-45; LUT

BÄM! Da knallt er aber einen raus. Wenn man das hier liest, könnte man meinen, es handle sich um ein Militärregime. Das Königreich Gottes ist größer, stärker und mächtiger als alle anderen!

Daniels Erklärung enthält etwas, was im Glauben des Volkes Israel ganz tief verankert ist. Er beschreibt die Hoffnung, die sie damals hatten, nämlich wirklich ein Reich Gottes zu haben. Mit einem guten König, der sie nicht versklaven würde. Diese Hoffnung zog sich durch die ganze Geschichte des jüdischen Volkes und reichte bis Jesus. Wir Christen glauben, dass sie sich in Jesus erfüllt hat.

Die klassische Deutung des Königreich-Traumes, den Nebukadnezar hatte, ist, dass er selbst im goldenen Zeitalter regiert. Danach kommt das assyrische Reich, das griechische Weltreich unter Alexander dem Großen und schließlich das Römische Reich.

Jesus selbst deutet sich als den Stein: »Habt ihr nie gelesen in der Schrift (Psalm 118,22-23): ›Der Stein, den die Bauleute verworfen haben, der ist zum Eckstein geworden. Vom Herrn ist das geschehen, und er ist ein Wunder vor unsern Augen‹?« (Matthäus 21,42; LUT).

An dieser Stelle möchte ich noch eine provokante Frage formulieren: Was wäre denn, wenn mit dem Eisen nicht das Römische Reich gemeint wäre, sondern das religiöse Reich mancher Pharisäer oder Sadduzäer? Das ist schon ein spannender Gedanke, finde ich, weil man dann das Neue Testament mit einer ganz anderen Perspektive lesen würde.

Aber um es noch mal deutlich zu machen: Schon damals sehnten sich die Leute nach dem Wirken des Reiches Gottes. Nach Frieden, Freude und Gerechtigkeit, wie Paulus es später definiert. Nach Schönheit. Eben den Reichtümern Gottes, wie wir sie in dem Vergleich mit dem 500-Euro-Schein beschrieben haben. Diese Hoffnung ist nicht neu!

Mit Jesus bekommt sie ein Gesicht, und der Glaube an das Reich Gottes verbindet uns mit unseren jüdischen Geschwistern. Ist das nicht wunderbar?

Hier finden wir also die Wurzeln des Königreiches Gottes. Des Königreiches, das kommen und alles neu machen wird: dich, mich, uns, die ganze Welt.

4. Do they know it's Christmas? – Oder: Warum Weihnachten so wichtig für uns ist

Ich mag Schlösser und Burgen. Diese alten Bauten, die so viel Geschichte atmen: die Türme, die Mauern, die Kapelle, der Burggraben und die Zugbrücke. Und natürlich die Gefängnisse und Geheimgänge ... Es gibt an solchen Orten meistens sehr viel zu entdecken. Und ich finde die Vorstellung begeisternd, dass dort einmal Könige regiert und prunkvolle Feste gefeiert haben. So ein Gebäude strahlt diesen Charme aus.

Aber Burgen stehen auch für Macht. Und Reichtum. Aber auch eine gewisse Unerreichbarkeit. So geht es mir ja auch mit Königin Elisabeth und allem, was mit dem britischen Königshaus zu tun hat. Es ist so weit vom normalen Alltag eines Durchschnittsbürgers entfernt. So prunkvoll und mächtig!

Ich stelle mir gerne diese königlichen Empfänge vor: Alle sind festlich gekleidet. Jeder hält sich an eine gewisse Etikette, deshalb reden die Leute mit Bedacht. Der Saal ist prächtig geschmückt. Und ja, das klingt eher nach einer etwas steifen Veranstaltung. Was wäre, wenn nun das Essen nicht gut ist? Oder das Kostüm drückt und zerrt?

Aber dann ertönen die Bläser und kündigen das Erscheinen des Königs oder der Königin an. Alle stellen sich an ihre Plätze, um den Herrscher oder die Herrscherin gebührend zu empfangen. Und schließlich kommt er oder sie. Langsam und würdevoll schreitet der König oder die Königin zum Thron, setzt sich hin und eröffnet die Veranstaltung.

Da ich Musik liebe, muss gleich eine Melodie in meinem Herzen erklingen. Vielleicht ja etwas Barock. Nicht zu verwechseln mit Bar-Rock. Und vielleicht könnte es sogar von Händel sein. Ich komme ja aus *der* Händelstadt schlechthin mit den besten Händelfestspielen der Welt (liebe Grüße nach Karlsruhe! ;-)). Aber mal Spaß beiseite. Stellen wir uns vor, es wird ein Lied aus dem *Messias* gesungen. Natürlich auf Englisch.

DER KÖNIG KOMMT

For unto us a child is born (»Denn für uns ist ein Kind geboren«). Das Stück ist bekannt, aber es reicht nicht ans *Halleluja* heran. Die Melodie ist jedoch eine, von der man sagt: »Das habe ich doch schon irgendwo mal gehört.«

Das Stück beginnt mit einem eher sanften Frauenchor beziehungsweise je nach Besetzung einem Knabenchor. Und der wiederholt immer wieder die ersten beiden Zeilen: »*For unto us a child is born, unto us a son is given.*« Und dann kommt der Männerchor hinzu und singt weiter: »*And the government shall be upon His shoulder, and His name shall be called ...*« Immer wieder.

Das ist das, was Kritiker ja – manchmal zu Recht, manchmal auch übertrieben hart – an Händel kritisieren: Der Mann war ein Fan von Wiederholungen! Seine Message hat am Ende jeder verstanden, weil er sie oft und ausufernd präsentiert hat.

Doch hier ist trotzdem alles kurz und knackig gehalten. Die Chöre überkreuzen sich, die Stimmung baut sich auf. Immer mehr Sänger kommen dazu. Was sanft beginnt, ertönt schließlich in vollem Klang. Nach und nach hört man verschiedene Melodien, die vom Orchester förmlich vorangetrieben werden. Der Text bereitet sich samt der Musik immer weiter auf das Finale vor. Und so fragt man sich unweigerlich: »Na, wann kommt es? Wann kommt es!?« Man hält es fast nicht mehr aus. Die Musik scheint beinahe stillzustehen.

Und dann hört man es. Tutti. Der ganze Chor: »*Wonderful! Counsellor! The mighty God, the everlasting father, the prince of peace!*«

Mein innerer Charismatiker brüllt: »Halleluja!«

Denke ich an diese Stelle, läuft es mir eiskalt den Rücken runter. Was für ein tolles Stück Musik. Was für eine Inszenierung. Triumphal. Glorreich. Majestätisch! Da steht wirklich jeder ehrfurchtsvoll da. Er kommt! Halleluja!

Ich weiß nicht, wie viel du mit klassischer Musik anfangen kannst. Ich würde mich bei Weitem nicht als großen Experten sehen. Nur manche Stücke, manche Momente, die bewegen mich. Immer wieder. Und die Botschaft, die hier rüberkommt, ist so kraftvoll, dass manches moderne Lobpreislied einpacken kann (aber auch viele mithalten können, keine Angst).

Der König kommt. Wow!

Ich weiß auch nicht, wie oft du schon an Weihnachten in der Kirche gewesen bist und dort diesen Bibelvers gehört hast, den Händel so wundervoll intoniert hat. Oft wird dieser Text von einem süßen kleinen Mädchen mit lockigem blondem Haar kitschig-schön, aber gänzlich unbetont vorgetragen:

Denn uns ist ein Kind geboren, ein Sohn ist uns gegeben, und die Herrschaft ist auf seiner Schulter; und er heißt

Wunder-Rat, Gott-Held, Ewig-Vater, Friede-Fürst; auf dass
seine Herrschaft groß werde und des Friedens kein Ende
auf dem Thron Davids und in seinem Königreich, dass er's
stärke und stütze durch Recht und Gerechtigkeit von nun
an bis in Ewigkeit. Solches wird tun der Eifer des Herrn
Zebaoth.

Jesaja 9,5-6; LUT

Das ist ein alter Text. Jesaja war ein Prophet, der diese Worte von
Gott geschenkt bekam. Wie das passiert ist, weiß ich nicht. Doch
die Story der Bibel ist eindeutig: Dieses Wort von damals hat sich
mit Jesu Kommen erfüllt. Das Kind ist geboren. Der Sohn ist
wirklich da, und seine Herrschaft ist eine so ganz andere als eine
menschliche.

Woran kann man das festmachen?

Dazu braucht man wirklich die *Big Story*. Denn kurz vor diesem
wunderbaren Text steht ein anderer Vers. Auf diesen bezieht sich
später auch Matthäus, weil das in diesem Zusammenhang wichtig
ist (vgl. Matthäus 4,16): »Das Volk, das im Finstern wandelt, sieht
ein großes Licht, und über denen, die da wohnen im finsteren Lan-
de, scheint es hell« (Jesaja 9,1; LUT). Hier wird also etwas Grundsätz-
liches klargemacht: Es ist finster. Und es braucht Licht.

FINSTERNIS UND LICHT

Mit Weihnachten kann man sehr viel erklären, was den christlichen Glauben betrifft. Keine Geschichte ist so abgedroschen wie
diese. Über alles, was in der Bibel dazu zu finden ist – über jeden

Halbsatz –, wurden in der Vergangenheit schon Advents- und Weihnachtspredigen gehalten. Logisch. Es scheint für viele das größte unter den Festen der Kirche zu sein. Und egal, was du jetzt denkst: Eines muss immer festgehalten werden: Es ist finster. Und es braucht Licht.

Finsternis. Was heißt das? Timothy Keller schreibt dazu: »In der Bibel meint ›Finsternis‹ zweierlei: das Böse und die Unwissenheit.«[2]

Ja, das Böse. Wenn du dich umschaust, wird dir schnell bewusst, dass es Böses in der Welt gibt. Das beginnt bei Karies und endet bei Krieg, Krankheit und Katastrophe. Und Unwissenheit bedeutet dann meist nicht etwa, dass man dumm sei. Sondern eher, dass man nur schwer greifen kann, wie man sich vom Bösen befreien könnte: Finsternis im Sinne von Hoffnungslosigkeit, Resignation und Depression. Das Böse regiert und ich werde es nicht los. Im Großen oder im Kleinen.

Aber Weihnachten gibt's auch andere Lieder. Ja, *Stille Nacht, heilige Nacht, O du fröhliche, Jingle Bells* und *White Christmas* sind wohl die bekanntesten. Ein anderer Song stellt eine Frage, die ich gewagt, aber treffend finde: »*Do they know it's Christmas?*« Das Lied ist älter als ich. Das vorneweg. Aber ich weiß, dass es von *Band Aid* ist.

Unter diesem Namen haben verschiedene Künstlerinnen und Künstler eine Aktion gestartet, um auf Notstände in der Welt hinzuweisen. Auf ein bestimmtes Finsternisproblem, nämlich Hunger. Bob Geldorf lud ein, George Michael, Bono, Phil Collins am Schlagzeug – die Crème de la Crème der damaligen Zeit war versammelt. Und sie sangen uns zu, forderten uns auf, dass wir alle gemeinsam die Welt ernähren sollten. Am Ende hören wir ein sich ständig wiederholendes »*Feed the world*« – Gebt der Welt etwas zu essen, denn in Afrika gibt's keinen Schnee, sondern Hunger.

Ein echt wichtiges Thema, das ich nicht herunterspielen möchte. Weihnachten ist ja nicht umsonst eine Zeit, in der die Spendenbereitschaft bei vielen nach oben schnellt. Jeder will etwas Gutes tun und sein Gewissen kurz vor Jahresschluss noch mal erleichtern. So wirkt es oft. Und Spendenzahlen beweisen diese These jahraus, jahrein.

Nun, was ist dann mein Problem bei diesem Lied? Musikalisch habe ich wenig zu beanstanden. Der Text weist auf ein Problem hin und gibt eine Lösung vor. Und ich glaube, viele Menschen haben sich seither eingeklinkt. Und das finde ich sehr gut! Wenn wir die aktuellen Statistiken zu diesem Thema hören, muss man sagen, dass wir auf einem guten Weg, wenn auch längst noch nicht angekommen sind.

Bestimmt ist dir auch schon mal zu Ohren gekommen, dass wir in unserer Wohlstandsgesellschaft nur alle etwas abgeben müssten, dann würde es weltweit kein Hungerproblem mehr geben. Mir tut es jedenfalls gut, diese Botschaft zu hören, wenn ich mir mal wieder im adventlichen Vorrausch einen Jahresvorrat an Spekulatius anesse. Und es spätestens in den Tagen zwischen den Jahren wieder bedauere.

Also, mein Problem ist nicht das Lied, sondern das, was am Ende bleibt: *Wir* sind die Lösung. Wenn *wir* uns nur mal richtig anstrengen, an einem Strang ziehen, die Arschbacken zusammenkneifen und es jetzt wirklich mal ernst nehmen, motiviert durch solch ein Lied, dann packen wir es. Dann ernähren wir die Welt.

Wir sind die Lösung des Problems. Und genau diese Botschaft ist das Gegenteil von der ursprünglichen Weihnachtsbedeutung.

Nicht *wir* sind die Lösung, sondern der König kommt, und *er* ist die Lösung. Wir dürfen seine Werkzeuge sein, seine Freunde, seine Mitbauer, seine Bewunderer. Aber er ist die Lösung: Jesus. Der König ist geboren.

Oder wie es in der Johannes-Variante der Weihnachtsgeschichte heißt: »Das war das wahre Licht, das alle Menschen erleuchtet, die in diese Welt kommen. Er war in der Welt, und die Welt ist durch ihn gemacht; aber die Welt erkannte ihn nicht« (Johannes 1,9-10; LUT 84).

SONNENAUFGANG

Wenn Jesaja über den Messias (beziehungsweise auf Griechisch über Christus) schreibt, dann ist der Messias die aufgehende Sonne: Das Licht geht auf. Die Sonne ist lebenswichtig. Gäbe es die Sonne nicht, dann gäbe es uns nicht. So einfach ist das. Nicht umsonst wird die Sonne oft als Bild für Gott benutzt und in manchen Religionen sogar als Gott selbst betrachtet.

Ein neuer Tag beginnt, wenn die Sonne aufgeht. Sie gibt Orientierung. Geht die Sonne unter, herrscht Finsternis. Dieses Prinzip finden wir schon beim allerersten Schöpfungstag: Es herrscht Tohuwabohu. Luther übersetzt es mit »wüst und leer« (1. Mose 1,2).

Ich stelle mir das so vor, als wäre ich ein Messie und würde in einer Messie-Wohnung leben. Diese stünde noch dazu unter Wasser. Und meine unter Wasser stehende Messie-Wohnung wäre Teil einer noch größeren Messie-Wohnung, die auch unter Wasser steht. Und es gibt kein Licht. Es herrscht Finsternis. Verstehst du? Chaos eben. Nichts ist geordnet. Nichts sortiert. Es gibt keine

Wahrheit. Keinen Fixpunkt. Keine Maßstäbe. Alles ist sinnlos, unordentlich, nicht greifbar.

Und plötzlich hört man eine Stimme: »Es werde Licht!« Zack! Die Sonne geht auf. Das Chaos wird sichtbar. Die Stimme spricht etwas und fängt an zu sortieren. Und aus diesem heillosen Durcheinander wird ein heiliges Miteinander.

Sechs Tage vergehen, und schließlich ist alles sortiert, geordnet, und ich komme aus dem Staunen nicht raus. Und deswegen darf ich Pause machen und genießen. Licht zeigt uns, wo es langgeht.

Nicht zuletzt werde auch *ich* endlich gesehen. Meine Finsternis, meine innere Messie-Wohnung wird sortiert. Das Chaos, das ich unter einer Decke gehalten habe, wird geordnet, und Gott ist die Stimme, die mein Durcheinander beseitigt. Und obwohl ich noch finstere Flecken sehe, weiß ich: Eines Tages bin auch ich vollständig im Licht. Dann geht die Sonne vielleicht nie wieder unter. Oder es ist immer Sonnenuntergang. Aber das Licht leuchtet ewig.

Das Strahlen der Sonne bringt Freude in mein Leben. Im Winter, wenn es trüb und kalt ist, werden wunderschöne Lichter angeschaltet. Damit jede Lampe, jedes Strahlen uns zurufen kann: Der König ist geboren. Gott ist Mensch. Gott ist mit uns, so wie das Licht mit uns ist. Oder wie man es auf Hebräisch sagen würde: *Immanuel*.

Warst du schon mal im Advent im Erzgebirge? Falls nicht, dann sage ich dir, dass du wahrscheinlich noch nie so ein friedliches, schönes Leuchten zur Weihnachtszeit erlebt hast. Vieles andere ist nett und schön und hat seine volle Berechtigung. Doch dort sind die Lichter Kultur. Gehe ich durch eine verschneite Kleinstadt und sehe die Lichterbögen, die Herrnhuter Sterne, die Weihnachtsbeleuchtung überall, dann spüre ich den Friedefürst. Vielleicht ist das auch der Grund, warum man dort mit Jesus mehr anfangen kann als an manchen anderen Stellen Deutschlands. Wer weiß.

Jedenfalls ist es in vielen Fällen eine Untertreibung, zu sagen, dass man Weihnachten feiert. So wie man einen Geburtstag oder ein anderes Jubiläum feiert. Zwar hat Jesus durchaus Geburtstag, aber das ist längst noch nicht alles: Weihnachten ist der unsteigerbare, ultimative Sonnenaufgang des Königreiches Gottes in diese Welt hinein. Damit beginnt alles.

Und ich finde es phänomenal, dass Jesus erst beginnt, eine Beziehung zur Welt aufzubauen, bevor er sie rettet. Jesus möchte eine Beziehung zu uns Menschen haben, bevor er stirbt. Und weil wir diese Beziehung haben, dürfen wir Anteil daran haben, wie Gott die Welt rettet. Dieser Wunder-Rat. Unser Held. Er verbindet uns auf ewig mit seinem Vater. Und der Friede auf Erden ist nicht Utopie, sondern Realität. Ist dir eigentlich klar, dass schon längst Weihachten ist?

Um diese Wahrheit annehmen zu können, muss ich wissen, dass in dieser Welt Finsternis herrscht. Und auch in meinem eigenen Leben. Schaue ich auf mich selbst, dann weiß ich: Ich brauche Jesus. Ich brauche dieses Kind, das mich an den kleinen dunklen Punkten meines Lebens berührt, genauso wie den großen Jesus, der mir in den großen Fragen meines Lebens Licht und Orientierung gibt.

Und wenn mir klar wird, dass es Gott selbst ist, der mir darin begegnet, muss die Finsternis weichen, und das Licht siegt. Manchmal sehe ich davon nichts, und manchmal bin ich überwältigt von der Helligkeit. Aber das Licht erlischt nie.

Als Jesus starb, wurde es finster. Das Licht stieg in die Finsternis hinab, damit wir Teil des großen Lichtes werden.

Wir können die Faszination von Weihnachten und die Verbundenheit mit Jesus erst dann richtig ergreifen, wenn wir erkennen, dass nicht wir es sind, sondern Christus und sein Königreich. An Weihnachten kommt er. Und die Welt singt: »*Wonderful! Counsellor! The mighty God, the everlasting father, the prince of peace!*«

5. HOCH HINAUS! – Die Bergpredigt als »Regierungserklärung« des Königreiches Gottes

Wann warst du das letzte Mal auf einem hohen Berg? Oder hast ein großes Gebirge gesehen?

Mich beeindruckt so ein Anblick immer wieder. Als ich mit meiner Frau letztens am Königssee war und die Berge sich links und rechts vor uns auftürmten, begann ich zu staunen. Die Sonne schien. Es war Tauwetter. Mitten im Frühjahr. Und überall brachen sich kleine Wasserfälle ihren Weg. Winzige Blumen standen neben ein paar Schneeresten. Es roch nach Berg. Nach frischer Luft. Nach Aufatmen.

Meine Frau und ich stiegen in ein kleines Boot und fuhren über den traumhaft schönen See. Wir glitten über das klare, tiefe Wasser, vorbei an dunklen Bäumen, direkt zu einer kleinen Kapelle. Dieser Ort strahlte einen unglaublichen Frieden aus. Danach gingen wir eine Weile spazieren. Doch je weiter wir nach oben stiegen, desto anstrengender war es. Logisch. Bergab geht es leichter als bergauf.

Trotzdem war es der Mühe wert, das Gelände und alles Drumherum zu erkunden. Die verschiedenen Perspektiven auf die Bergspitzen, die kleinen Täler und Ebenen dazwischen – das alles fügte sich zu einem malerischen Gesamtkunstwerk zusammen. Ich genoss die Natur, sog alles in mich ein und betete: »Danke, Gott! Wie schön hast du das gemacht!«

In diesem und auch im folgenden Kapitel geht es um die Bergpredigt. Sie ist wichtig. Denn wenn man begreift, was Jesus dort sagt, wird deutlich, wie das mit dem Reich Gottes funktionieren könnte. Welche Werte zählen und wie man miteinander umgehen sollte. Was wichtig und was sehr wichtig ist.

Die Bergpredigt ist schön. Sehr schön. Heilsam. Wie die aufatmende Natur. Aber sie ist auch hart, steil und anstrengend.

Die Bergpredigt hält mir einen Spiegel vor, damit ich erkenne, wo ich noch wachsen darf. Sie lässt mich aber gleichzeitig staunend vor Jesus stehen. Sie begeistert sogar. Ich finde sie im wörtlichen Sinne bergig. Höhepunkte und Tiefpunkte liegen nah beieinander.

DER HINTERGRUND

Lese ich diese drei Kapitel – Matthäus 5–7 –, wird mir klar, warum es sich lohnt, Jesus nachzufolgen. Auch wofür oder für wen wir Glauben investieren sollen. Die Bergpredigt ist teilweise sperrig und provokant, doch trotzdem seelsorgerlich und hoffnungsvoll.

Jesus wird mal gefragt, wann eigentlich das Reich Gottes kommt, und er antwortet: »Das Reich Gottes kommt nicht so, dass man's beobachten kann; man wird auch nicht sagen: Siehe, hier ist es!, oder: Da ist es! Denn siehe, das Reich Gottes ist mitten unter euch« (Lukas 17,20-21; LUT 84). So empfinde ich das auch bei der Bergpredigt: Manchmal ist sie vage, manchmal unklar, aber sie gibt trotzdem die Richtung vor.

Oftmals kommt es im Prozess, im Werden, im Handeln und im Umgang mit anderen Menschen zum Ausdruck: Die Bergpredigt zeigt uns vor allem, wie wir Reich Gottes leben können. Heute. Jetzt.

Ich möchte dich auf eine Tour durch die Bergpredigt mitnehmen. Alles werden wir nicht betrachten und nicht jeden Gipfel erklimmen können. Aber die wichtigste Route – nämlich die Nachfolge-Tour – wollen wir uns vornehmen.

DIE RAHMENHANDLUNG

Bevor wir starten: Schau doch mal im Matthäusevangelium nach, in welchem Setting die Bergpredigt erzählt wird. Schon im Vorfeld beginnt Jesus ja zu predigen und viele folgen ihm nach. So endet auch das vierte Kapitel bei Matthäus und als Jesus die Menschen so sieht, sagte er sich offenbar: Ich muss auf einen Berg und den Leuten mal ganz grundsätzlich erzählen, worum es mir geht.

Bei diesem Thema muss ich immer an *Das Leben des Brian* denken. Ja, ich gebe zu, es ist ein diskutabler Film, der sich über abgedrehte Religion und Fanatismus lustig macht – und wenn man genau hinsieht, nur ganz wenig über den Kern des christlichen Glaubens. Aber dort wird die Frage gestellt: Wenn Jesus auf so einem Berg steht und redet, verstehen ihn dann überhaupt alle? Heraus kommt: »Selig sind die Skifahrer.« Na ja, mit Berg hat es schon mal was zu tun.

Aber die Szenerie, die dort gezeigt wird, ist gar nicht so weit weg von dem, was uns Matthäus vor Augen malt. In den ersten beiden Versen wird einiges deutlich: »Als er aber das Volk sah, ging er auf einen Berg. Und er setzte sich, und seine Jünger traten zu ihm. Und er tat seinen Mund auf, lehrte sie und sprach …« (Matthäus 5,1-2; LUT). Die Bergpredigt ist also in erster Linie für die Jünger gedacht.

Doch Jesus redet auf einem Berg, einem öffentlichen Ort zu jener Zeit. Hätte er ausschließlich zu seinen Jüngern sprechen wollen, wäre er sicherlich mit ihnen in ein Haus gegangen. Jesus rechnet also mit weiteren Zuhörern, die ihn und seine Botschaft noch nicht so gut kennen.

Jesus befindet sich in Galiläa. Ob die Bergpredigt an verschiedenen Stellen zu verschiedenen Zeiten gehalten wurde oder genau am sogenannten »Berg der Seligpreisungen« stattfand – ein Ort, der auf einer Israel-Tour nicht fehlen darf –, das spielt meiner Meinung nach kaum eine Rolle. Viel wichtiger ist: Er hat sie den damals dort lebenden Menschen gehalten, und insbesondere seinen Jüngerinnen und Jüngern. Doch wir werden merken: Das, was Jesus sagt, hat so eine Weite und Größe, dass es auch dir und mir gilt, egal, an welchem Ort wir uns gerade befinden.

Allerdings müssen wir uns klarmachen: Diese Predigt wird nicht in einem luftleeren Raum gehalten, sodass sie ganz einfach in unsere heutige Situation hinein übernommen werden könnte. Sondern sie wurde in die jüdische Kultur hineingesprochen. Jesus war, ist und wird immer Jude bleiben. Und jeder, der damals zuhörte, war entweder jüdisch beziehungsweise israelisch sozialisiert oder kannte die jüdische Kultur sehr gut. Das dürfen wir nicht vergessen, weil uns sonst ein paar spannende Erkenntnisse aus diesen Worten Jesu entgehen würden.

GOTT, DER BAUMEISTER

Bevor wir weitergehen, ein Blick zum Abschluss der Bergpredigt: Dort finden wir ein Gleichnis. Jesus redet gerne in Gleichnissen.

Und nahezu jedes bezieht er aufs Königreich Gottes. Hier klingt das so: »Wer diese meine Rede hört und tut sie …« (Matthäus 7,24; LUT). Ein wichtiger Punkt. Nicht nur hören, sondern auch danach handeln.

Damals, als man noch SMS verschickt hat, habe ich mich manchmal über eine Werbung lustig gemacht, die in etwa so lautete: Schreib eine SMS und schick sie ab! Als ob man eine Nachricht nur schreiben würde, ohne sie anschließend abzuschicken …

Aber offenbar ist es Jesus hier wichtig, beides zu betonen: Wir sollen nicht nur zuhören, sondern auch das tun, was er sagt. Wenn das doch immer so einfach wäre?! Ich finde es sehr anspruchsvoll, nach diesen Vorgaben zu handeln. Ich will es, aber ich schaffe es oft nicht.

Jesus kennt mich. Er weiß das. Und trotzdem betont er, dass es ums Tun geht. Und für mich ist es wichtig, mit dieser Aufforderung im Ohr die Bergpredigt zu lesen.

Ehrlich gesagt, ergeben viele Punkte dieser Rede auch nur dann Sinn, wenn sie umgesetzt werden. Jesus erläutert dort nicht nur irgendeine schöne Theorie oder nimmt uns mit auf eine philosophische Gedankenreise ins »Sein des Werdens«. Nein, er macht deutlich, dass es um handelndes Christsein geht. Oder wie Fachkundige sagen würden: Er beschreibt eine Ethik.

Zurück zu Matthäus 7,24 und den Versen danach. Das Gleichnis handelt von einem klugen Mann, der sein Haus auf felsigen Grund baut. Das Haus braucht ein solides Fundament. Erst dann kann es auch Umständen trotzen, die es angreifen und zerstören könnten. Als Gegenbeispiel dient jemand, der sein Haus auf sandigen Boden baut. Kommt das Unwetter, stürzt es ein.

Ein starkes Fundament ist wichtig, denn es hält unser Glaubenshaus zusammen. Ein tragendes Glaubensfundament gibt mir im wahrsten Sinne den Halt, den ich sonst nicht hätte. Doch wie baue ich dieses Haus? Die schlichte Antwort lautet: Indem ich das tue, was Jesus mir hier sagt.

Etwas, das in letzter Zeit immer mehr »in« ist, ist, seinen Glauben zu »dekonstruieren«, um ihn hinterher wieder zusammenzubauen. Heißt: Ich hinterfrage alles, was ich glaube, zerlege es in einzelne Bausteine und setze es dann wieder zusammen. An sich kann das ein heilsamer und guter Prozess sein. Und trotzdem ist es für viele schmerzhaft, wenn sie zwar fleißig dekonstruieren, aber bei Weitem nicht so viel Energie beim Wiederzusammenbauen aufwenden. Dann wird das Glaubensfundament sandig. Die Bausteine finden keinen Halt mehr.

Während meines Theologiestudiums habe ich unfassbar viele gute Theorien und Meinungen hören dürfen. Vieles davon entsprach mir nicht, manches dagegen sehr. Meine Devise, mit der ich gut fahren konnte, war, dass ich mein Glaubensherz weit und groß gemacht habe. Dass ich ergänzen konnte, was mir fehlte, und Verständnis für andere Meinungen entwickelt habe. Ich musste nicht meine Glaubenswelt dekonstruieren, sondern durfte fröhlich weiterglauben und ein weites Zelt über mein theologisches Denken spannen. Das war für mich heilsam. Mein Glaubensfundament war danach fest und stark. Ich wusste, was und wem ich glaube.

Die bergige Rede Jesu hat also das Potenzial, das Fundament zu sein, auf das wir unser Haus bauen können beziehungsweise auf das das Königreich Gottes gebaut werden kann. Eine Art Verfassung des Reiches Gottes, wenn man so will. Hier werden Grundsätze bestimmt, »Menschenrechte« definiert, die uns als

Grundlage dazu dienen, ein stabiles Gebäude der Nachfolge zu bauen.

WOHL DEM ...

Und jetzt springen wir zum Anfang der Bergpredigt. Nachdem wir schon einen Blick auf das Ziel geworfen haben und nun wissen, in welche Richtung wir gehen müssen, starten wir mit unserer Wandertour.

Sie beginnt mit den sogenannten »Seligpreisungen«. Ich finde den Begriff erstens etwas sperrig, und zweitens weiß keiner mehr so richtig, was »selig« überhaupt bedeutet. »Preisen« ist in meinem Alltags-Wortschatz auch nicht so wirklich vorhanden. Mancher Bibelübersetzer behilft sich mit »glücklich zu preisen«. Okay. Aber da frage ich dich doch mal ganz charmant: Wie oft sagst du im Alltag eigentlich »glücklich (zu) preisen«?

Ich nie. Außer beim Bibellesen.

Also schauen wir mal genauer hin, um zu entdecken, was eigentlich gemeint ist. Das griechische Wort *Makarios*, das hier benutzt wird, kommt im Neuen Testament sehr häufig vor. Auch im Alten Testament finden wir die hebräische Entsprechung einige Male. Dort wird es aber oft viel besser übersetzt, nämlich mit »wohl dem«.

Als Jesus das sagte, muss es bei jedem der Zuhörer sofort geklingelt haben. Denn zur damaligen Zeit gab es ein Buch, das den Glaubensalltag vieler Menschen bestimmte. Jeder kannte es. Es wurde regelmäßig im Tempel oder in der Synagoge benutzt, um Gottesdienst zu feiern. Vor dem Essen, zu irgendwelchen

Feiertagen oder von mir aus auch zum Geburtstag. Viele Leute konnten große Teile auswendig. Ich meine das Psalmbuch. Und wie beginnt das?

»Wohl dem, der nicht wandelt im Rat der Gottlosen« (Psalm 1,1; LUT). Jetzt könnte man denken, dass diese Übereinstimmung ein Zufall sei. Aber ganz ehrlich: Ich gehe bei Bibelstellen immer erst mal davon aus, dass da gar nichts durch Zufall steht, sondern immer mit einer Absicht. Außerdem ist das doch ein toller rhetorischer Kniff: Jesus benutzt ein starkes Signalwort, damit sich die folgenden Erläuterungen leichter mit dem Alltag und dem Glaubensleben seiner Zuhörer verbinden.

WAS HEISST »GEISTLICH ARM«?

Schauen wir also mal auf den ersten Satz: »Wohl denen, die geistlich arm sind; denn ihrer ist das Himmelreich« (Matthäus 5,3³).

Natürlich wissen wir inzwischen, dass mit dem Himmelreich das Königreich Gottes gemeint ist. Doch davor steht »geistlich arm«. An diesem Punkt habe ich persönlich schon oft große Einseitigkeiten gehört. Das geht dann in die Richtung: »Geistlich reich« sind die, die jeden Tag die Bibel lesen, brav ihren Zehnten geben, immer aufstehen beim Lobpreis oder sogar beim Orgel-Intro zu Beginn des Gottesdienstes still sind. Alle, die das nicht machen, sind »arm«. Das ist aber hier nicht gemeint.

Ich verstehe die Worte so: Es geht erst mal buchstäblich um die Armen. Also ganz simpel um Menschen, die wenig Besitz haben. Menschen, die kaum eine Chance haben, etwas aus sich zu machen. Die beim amerikanischen Traum »Vom Tellerwäscher zum Millionär« beim Tellerwäscher stehen bleiben, ohne Millionär zu werden. Auch Menschen, die nicht in einer Wohlstandsgesellschaft aufwachsen wie du oder ich. Ohne ein soziales Netz. Ohne Arbeit. Ohne andere Menschen, die sich um einen kümmern. Vielleicht auch Personen, die eine Behinderung haben.

Natürlich ist »arm« nicht gleich »arm«. Da kann man mit der Lieblingsfloskel aller Theologen sagen: »Das muss man differenziert betrachten.«

Ein Hartz-IV-Empfänger in Deutschland gehört rein materiell immer noch zu den oberen 13 Prozent der Weltbevölkerung.[4] Aber auch in unserem Land gibt es noch größere Armut. Ich denke zum Beispiel an Obdachlose in deutschen Großstädten. Deren Lage hat sich in den letzten Jahren dramatisch verschärft.

Nun sieh dir mal so jemanden an. Wenn du dir die Mühe machst, mal nachzufragen, wie sie ticken, was ihre Geschichte ist, was sie auf die Straße gebracht hat und so weiter, dann wirst du recht schnell merken, dass sie eigentlich das Potenzial gehabt hätten, ein »anständiges« Leben zu führen. Oder zumindest ein geordnetes. Sie sind aber an irgendeiner Stelle falsch abgebogen oder haben Schlimmes erlebt und sind unfreiwillig in diese Situation gekommen. Der Grund für ihre Armut können falsche Freundeskreise, Krankheiten, Drogen, Scheidung, Arbeitslosigkeit oder was auch immer sein.

Betroffen macht mich der Gedanke, dass sie vielleicht eines Tages genauso waren wie ich: Sie hatten große Träume, Ambitionen, Berufungen. Nur wurden sie enttäuscht. Sie wurden nicht gefördert, und das Potenzial, das sie hatten, ist verkommen. Was bleibt? Sinnlosigkeit und damit die Armut. Eine geistige Armut.

Wie viele Kinder in unserem Land werden nicht genug gefördert? Kinder, die in Familien groß werden, die sich unterhalb der

Armutsgrenze irgendwie durchboxen müssen. Wie viele Chancen und Möglichkeiten bleiben da auf der Strecke? Mir tut es weh, solches Leid zu sehen.

Zur Zeit Jesu war die Armut extrem groß und betraf weite Teile der Bevölkerung. Aber auch damals gab es noch mal eine Abstufung. Es gab Arme. Und die Ärmsten der Armen. Menschen, um die sich keiner kümmerte. Die nie eine Chance auf Bildung und Arbeit hatten. Die zu schwach waren, um wirklich ein Teil der damaligen Gesellschaft zu sein.

Und Jesu unfassbare Knalleransage ist einfach: Diesen Menschen gehört das Königreich Gottes. Nicht den hochgelobten, abiturabschreibenden, möglichkeitsüberfluteten Instagram-Lobpreisleiterinnen und Leitern. Nicht den Pfarrerinnen und Pfarrern, Gemeindeleitern, ehrenamtlich Mitarbeitenden. Sondern diesen.

Ganz ehrlich: Das macht was mit meinem Stolz. Dieser Satz ist ja auch utopisch: Das würde bedeuten, dass die geistig Armen regieren würden. In welchem Land sollte das funktionieren?

Jesu Antwort: Im Königreich Gottes. Dort werden die glücklich sein, die geistig arm sind. Das ist ein Hammer, den Jesus da auspackt und mit dem er vielen Menschen kräftig einen mitgibt. Das ist provokant, scharf und so ganz anders, als wir es erwarten würden.

Diese Haltung Jesu zieht sich wie ein roter Faden durch die nächsten Verse: Immer wieder spricht Jesus einer benachteiligten Gruppe Wert zu.

TRAURIG, SANFTMÜTIG, BARMHERZIG ...

Als Nächstes sagt er das den Trauernden in Vers 4 zu. Denjenigen, die einen Verlust erlitten haben. Die nicht mehr ein noch aus wissen. Wenn ich persönlich in einem Trauerprozess bin, ziehe ich mich gern zurück und mache das mit mir aus. Das ist bei einigen Menschen das Mittel der Wahl. Andere müssen reden. Oder sich kreativ ausdrücken. Es gibt sogar Leute, die das bei Facebook posten. Vielleicht, weil sie sich nicht gehört fühlen.

Aber machen wir uns doch nichts vor: Das sind Momente, in denen wir schwach sind. Verletzt. Angreifbar. Dem stürmischen Umfeld ausgesetzt. In denen wir kaum einen klaren Gedanken fassen können und es uns schwerfällt, unser Leben auf die Reihe zu bekommen.

Und Jesus sagt: »Ihr sollt getröstet werden.« Er widmet sich den Trauernden. Er sieht sie. Er lässt niemand fallen. Jeder darf sich bei Jesus aussprechen. Er gibt denen Wert, die sich selbst nicht wertvoll fühlen, und verspricht ihnen echten Trost!

Weiter geht's: *Die* werden glücklich sein, die sanftmütig sind (Vers 5). Sanftmut ist ein wunderbares Wort. Der oder die Zurückhaltende, Demütige wird die Erde als Besitz erhalten, wo doch bei uns oftmals die Lautsprecher regieren. Jesus beschenkt die, die sich zurückhalten. Die den anderen sehen und nicht sich selbst. Im Englischen steht hier *gentle*. Ein *Gentleman/woman* ist höflich, zuvorkommend und achtet auf seine/ihre Mitmenschen.

Ich denke dabei an Leute, die in ein Restaurant gehen und hinterher erzählen: »Der Kellner hat uns richtig toll behandelt. Das Ambiente hat gestimmt. Und das Essen erst: Es war unfassbar lecker. Auch wenn ich was ganz anderes bestellt hatte ...« Also, *ich* würde mein Essen zurückgehen lassen und diskutieren!

Sanftmütig zu sein, bedeutet hingegen, die Fehler anderer Menschen mit Liebe zuzudecken und nicht den Fehler, sondern die Person zu sehen. Ob das die anderen immer mitbekommen, ist dabei gar nicht so wichtig. Denn Jesus bekommt es mit und verspricht: Euch wird die Erde gehören.

Danach sind die Gerechtigkeitsdürstigen an der Reihe (Vers 6). Ich kenne Leute, die haben einen unglaublichen Gerechtigkeitssinn. Die kommen in Situationen hinein und merken sofort, dass hier was nicht stimmt. Sie erkennen, dass jemandem übel mitgespielt beziehungsweise großes Unrecht getan wird. Und sie setzen sich dafür ein, dass es eine Art »Ausgleich« gibt.

Einer aus meiner Bekanntschaft macht das mit so einem Feuer und einer Schärfe, dass es einen manchmal richtig hart trifft. Wenn irgendwo Unrecht passiert, steht er da und erhebt seine Stimme für die Schwachen. Ich bewundere seinen Mut und seinen ausgeprägten Gerechtigkeitssinn. Gleichzeitig kann mich das aber auch ganz schön nerven – da bin ich ehrlich. Vielleicht weil ich mich getroffen fühle? Oder weil ich manches gar nicht so schlimm finde? Oder gerne auch an mich selbst denke?

Jesus sagt: Passt auf, ihr lieben Freunde, euer Hunger und Durst nach Gerechtigkeit wird gestillt werden. Und das bedeutet schließlich: Die Gerechtigkeit wird siegen! Diejenigen werden glücklich sein, denen es um Gerechtigkeit geht.

Als Nächstes haben wir: »Wohl denen, die barmherzig sind; denn sie werden Barmherzigkeit erlangen.«[5]

Bei diesem Vers kommt mir immer wieder der Gedanke: Ich hoffe, dass im Himmel nicht Gerechtigkeit, sondern Barmherzigkeit regiert. Weil ich weiß: Wenn Gerechtigkeit regieren würde, hätte ich keine Chance.

Im Griechischen wiederholt sich hier das Wort für Barmherzigkeit in unterschiedlichen Varianten. Also die, die barmherzig sind, sollen Barmherzigkeit bekommen. Ich finde das unfassbar schön. Ich deute es so: Wenn du barmherzig bist zu anderen, zu dir selbst, zu Gott, zur Umwelt, dann wirst du im Königreich Gottes genauso behandelt werden – und zwar von anderen.

Vielleicht ist Barmherzigkeit auch etwas, was immer einen Mangel an Aufmerksamkeit, Wertschätzung, Respekt und Liebe ausfüllen möchte und damit deutlich macht, dass man niemals barmherzig genug sein kann. Jesus fordert uns auf: Egal, wann und wem gegenüber – ihr habt nichts zu verlieren, wenn ihr nur anfangt, barmherzig zu leben.

In Vers 8 fährt Jesus dann mit denen fort, die reinen Herzens sind: Sie haben den klaren Blick auf Gott. Er zeigt damit auf, dass es diesen Menschen eines Tages gut gehen wird. Ganz ehrlich: Damit tue ich mich richtig schwer. Also nicht mit dem Versprechen, das Jesus hier formuliert. Das ist super. Aber wer ist schon reinen Herzens? Wen meint Jesus damit?

Ich könnte mir vorstellen, dass es ihm um Menschen geht, die etwas naiv sind. Menschen, die jedem alles glauben. Nicht, weil sie dumm wären, sondern weil sie erst mal auch beim Gegenüber von einem reinen Herzen ausgehen. Sie haben ein Herz, das nicht »versaut« ist durch Ironie, Sarkasmus, Lügen oder Hinterhältigkeit. Ein von Grund auf positives Herz, das sich herrlich freuen kann.

Ich habe gemerkt, dass sich so etwas auch mit der Zeit entwickeln kann. Manche Menschen werden reiner, je älter sie werden, weil sie Gottes Liebe so stark erleben, dass es sie verändert. Begegne ich solchen Menschen, finde ich das immer sehr heilsam und herzerfrischend. Jesus sagt zu ihnen, dass sie Gott sehen werden. Was für eine schöne Verheißung!

»FRIEDENSTÄTER«

In Vers 9 kommt Jesus zu den Friedfertigen. Man könnte auch sagen: den Friedenstätern. Das trifft das griechische Wort noch besser. Die Friedenstäter sollen Gottes Kinder sein.

Nun, schauen wir uns das Wort mal genauer an. Frieden (griechisch: *Eirene*) meint nicht nur das Ausbleiben von Gewalt. Oder einen Waffenstillstand. Ja, ich habe bestimmt auch schon hundertmal in einer Predigt gehört, dass der Frieden, den die Bibel uns verspricht, größer ist. Aber worin besteht denn dieser größere Frieden?

Ich glaube, man kommt mit dem Wort »Shalom« ein ganzes Stück weiter. In Jeremia 29,7 heißt es: »Suchet der Stadt Bestes« (LUT) oder auch »Suchet das Wohl der Stadt ...« (EÜ).

Nun kann man recht lange darüber nachdenken, was das Beste für eine Stadt ist. Mancher denkt, diese oder jene Partei zum Beispiel. Oder ein großes Konjunkturprogramm. Oder dass Bildung, Umwelt und Soziales gestärkt werden müssen. Mancher ist pro Fahrradweg, mancher pro Straße, mancher pro »am besten keines von beidem«. Andere wiederum sind gleich für alles auf einmal und damit eigentlich für nichts, da sich die Dinge ja oft widersprechen.

Was auch immer das Beste für eine Stadt ist, es wird in der Jeremia-Stelle mit *Shalom* bezeichnet. Jawohl. *Shalom* ist das hebräische Wort, das dort steht. Wenn Martin Luther es also so übersetzt, wird deutlich: Das Beste, das dir passieren kann, ist *Shalom*.

Shalom hat eine Tiefe, Weite und Größe, die unseren Gebrauch des Wortes Frieden bei Weitem überstrahlt. Es bedeutet, heil oder vollkommen zu sein. Im Einklang mit sich, Gott, den anderen und der Natur zu leben. Göttlichen Wohlstand auf allen Ebenen zu haben. Shalom bezieht alle Gesellschafts- und Persönlichkeitsbereiche mit ein. Wenn ich also jemandem Shalom wünsche, dann wünsche ich ihm, dass er in allen Bereichen seines Lebens das für ihn Beste erlangt. Boah!

Und Jesus sagt hier: Es wird denen gut gehen, die versuchen, dieses unüberbietbar Gute in allen Lebensbereichen zu etablieren (und wahrscheinlich oft auch scheitern, aber es trotzdem immer wieder versuchen!). Sie werden Gottes Kinder heißen. Sie sind seine Erben.

Womit wir schließlich beim letzten »Wohl dem«-Wort wären: »Wohl denen, die um der Gerechtigkeit willen verfolgt werden; denn ihrer ist das Himmelreich« (Matthäus 5,10[6]). Oha! Hier sind wir noch mal beim Thema Gerechtigkeit angelangt. Aber das Ganze bekommt noch eine tiefere Bedeutung: Es geht um die Menschen, die verfolgt werden. Die sich für Gerechtigkeit starkmachen, aber eine Bedrohung befürchten müssen.

Jesus spricht genau diesen Verfolgten zu: Euch gehört das Himmelreich. Die ihr Erniedrigung erleben müsst, weil ihr euch für das Gute engagiert – ihr werdet das Größte erben. Er sagt damit: Euch wird es gut gehen. Meine Gunst ist bei euch. Das ist mal ein Evangelium!

Wer seine Bibel an der Stelle nicht zuschlägt, sondern weiterliest, wird schnell merken, dass danach noch eine weitere Seligpreisung kommt. Die wird nur deswegen klassischerweise nicht mit dazugezählt, weil sie eine andere Form hat, vielleicht erst später dazukam oder in einem anderen Zusammenhang gesagt wurde.

Aber inhaltlich steht diese Seligpreisung den anderen kaum nach: »Wohl euch, wenn man euch um meinetwillen beschimpft und verfolgt und euch zu Unrecht die schlimmsten Dinge nachsagt. Freut euch und jubelt! Denn im Himmel wartet eine große Belohnung auf euch. Genauso hat man ja vor euch schon die Propheten verfolgt« (Matthäus 5,11-12[7]).

Wir brauchen Jesus-Nachfolger, die dem Leid dieser Welt begegnen, indem sie Paulus ernst nehmen: »Lass dich nicht vom Bösen überwinden, sondern überwinde das Böse mit Gutem« (Röm 12,21; LUT). Wo wir anfangen, das zu leben, da wächst das Reich Gottes und seine Schönheit wird sichtbar.

Du siehst: Die »Wohl dem«-Worte sind schon ein Hammer. Hier zeichnet sich vor unseren Augen eine Art »Anti-Menschenreich« ab. Und es wird deutlich: Das Königreich Gottes ist so ganz anders, als wir denken.

Bevor wir weitermachen, hätte ich einen Vorschlag: Lies in deiner Bibel doch noch mal alle »Wohl dem«-Worte. Und überlege dabei: Was fällt dir auf? Was wird dir wichtig? Welcher Punkt ist noch nicht so tief in dein Herz gedrungen?

ES GEHT WEITER: DAS SALZ IN DER SUPPE ...

Ich koche sehr gerne. Ich liebe es, neue Rezepte auszuprobieren. Mein Essens-Repertoire reicht von Jamie Oliver und Alexander Kumptner über Chefkoch.de zu klassischen Gerichten von zu

Hause. Und das kleine rote DDR-Kochbuch ist unschlagbar für alle Basics.

Wenn beim Essen Salz fehlt, fällt mir das mittlerweile sofort auf. Da kann der Rest auch noch so toll sein. Salz gibt dem Essen Charakter. Eine Salznote braucht jedes gute Gericht. Selbst wenn das Salz nicht in Reinform hinzugefügt wurde, sondern in einem Käse oder Schinken steckt.

Die beiden Aussagen, auf die ich als Nächstes eingehen möchte, sagen etwas über die Strahlkraft und Wichtigkeit des Reiches Gottes aus. Sie bilden meiner Ansicht nach die kürzeste Definition von Jüngerschaft. Jeder kann sie sich merken. Der erste Vers lautet:

»Ihr seid das Salz der Erde. Wenn nun das Salz nicht mehr salzt, womit soll man salzen? Es ist zu nichts mehr nütze, als dass man es wegschüttet und lässt es von den Leuten zertreten« (Matthäus 5,13; LUT).

Ich weiß nicht, wie es dir geht, aber ganz ehrlich: Ich war überrascht, dass dieser Vers in der Bergpredigt steht. Keine Angst, ich habe bei Bibelkunde aufgepasst und habe die Bergpredigt schon mehrfach gelesen. Aber als ich mich wieder intensiver mit ihr auseinandergesetzt habe, hat mich manches von Neuem überrascht: Ach, das steht dort auch?

Salz. Es gibt verschiedene Eigenschaften von Salz. Oftmals ist uns gar nicht bewusst, wie wichtig es für uns ist. Wir merken das vor allem dann, wenn es irgendwo fehlt. Ein herzhaftes Essen braucht Salz, denn es ist ein natürlicher Geschmacksverstärker. Im normalen Brot zum Beispiel ist ungefähr zwei Prozent Salz enthalten. Obwohl es nur so wenig ist, schmecke ich es immer raus. Eine kleine Menge kann also eine große Wirkung entfalten.

Aber Salz schmeckt nicht nur gut, sondern es ist lebensnotwendig. Unser Körper braucht eine gewisse Menge Salz, damit sich keine negativen gesundheitlichen Folgen einstellen (auch ein zu hoher Salzkonsum ist natürlich ungesund, was in den Industrieländern viel häufiger der Fall ist).

Außerdem hat Salz eine konservierende Wirkung. Etwas haltbar zu machen, war in der Antike – also zur Zeit Jesu – nicht einfach. Tupperware oder so war ja noch nicht erfunden. Da blieb oftmals nur das Salz. Nicht umsonst wurde es auch »weißes Gold« genannt.

Und dann hat Salz auch noch eine reinigende und sogar desinfizierende Wirkung. (Du kennst bestimmt Fleckensalz oder hast davon gehört.)

Wenn Jesus also zu seinen Jüngern sagt: »Ihr seid das Salz der Erde«, bedeutet es für mich: Ohne euch schmeckt es nicht. Die Erde braucht euch unbedingt. Ihr seid lebensnotwendig, weil ihr haltbar macht, was sonst schimmeln würde. Ihr reinigt, was dreckig ist.

Vielleicht könnte man es auch so ausdrücken: Ihr seid würzig und euch wird man rausschmecken!

Was für ein toller Zuspruch Jesu! Aber während wir uns darüber freuen, sollten wir uns ehrlich fragen: Schmeckt man uns wirklich raus?

LASST EUER LICHT LEUCHTEN

Als Nächstes sagt Jesus: »Ihr seid das Licht der Welt. Es kann die Stadt, die auf einem Berge liegt, nicht verborgen sein. Man zündet auch nicht ein Licht an und setzt es unter einen Scheffel, sondern auf einen Leuchter; so leuchtet es allen, die im Hause sind. So lasst euer Licht leuchten vor den Leuten, damit sie eure guten Werke sehen und euren Vater im Himmel preisen« (Matthäus 5,14-16; LUT).

Finsternis kennen wir alle, denn wir alle kennen die Nacht. Auch die Nacht, die manchmal tagsüber herrscht. Trübe, finstere Gedanken; Nachrichten, die unsere Seele verdunkeln. Wir kennen Dunkelheit, weil sie genauso zum Leben gehört wie das Licht und der Tag. Die Frage ist: Wie gehen wir damit um, wenn es finster ist?

Was Jesus hier sagt, ist heilsam: Es gibt ein Licht, das die Finsternis beseitigt. Wir sollen es leuchten lassen. Ein Licht, das keine große Ausstrahlung hat, ist eine kleine Funzel, die keine Kraft entfalten kann. Deswegen soll man das Licht an einen Platz stellen, wo es sichtbar ist und vielen Menschen Orientierung geben kann.

Jesus sagt hier zu dir und zu mir, dass wir so ein Licht sind. Und den folgenden Vers mag ich unheimlich gern: »So lasst euer Licht leuchten vor den Leuten!« Wir sind das Licht, weil er das Licht ist, und wir sollen zum Leuchten bringen, was Gott für uns getan hat. Es soll sichtbar werden, was er in uns bewirkt. Auch wenn wir uns nicht wie Licht fühlen, sind wir es trotzdem.

Das ist übrigens keine Ausrede, um jede fromme Bemühung zu legitimieren, sondern eine Tatsache. Jesus spricht uns Würde, Ausstrahlung und Kraft zu. Wir »müssen« unser Licht leuchten lassen. Nur das. Das war es schon. Doch wie?

Vielleicht kann uns bei dieser Überlegung ein chinesisches Sprichwort helfen, das Konfuzius zugeschrieben wird: »Es ist besser, ein einziges kleines Licht anzuzünden, als die Dunkelheit zu verfluchen.«

Logisch, ich kann mich über alles und jede(n) beklagen und dauernd schimpfen. Oder mich an dem erfreuen, was Gott in mir bewirken möchte. Was sind die guten, »lichtigen«, also hellen Dinge in meinem Leben? Wo strahlt die Sonne, sodass ich mich wohlfühlen kann?

Diese Bibelverse enthalten Trost und Zuspruch, aber auch eine klare Aufforderung: Wir sind das Licht der Welt. Und: Wir sind das Salz der Erde.

Vielleicht hilft es, wenn wir uns das mal auf der Zunge zergehen lassen! Jesus spricht es seinen Jüngern, seinen Nachfolgern zu: Ihr *seid*! Das ist also keine Anmaßung – etwas, was auf meinem eigenen Mist gewachsen wäre –, sondern Jesus sagt es dir und mir zu. Und er meint es ernst. Wir sind es!

Wenn ich auf mich selbst und mein eigenes Leben schaue, sehe ich das allerdings oft nicht. Manches, was ich tue, wirkt wie Salz und Licht. Als Gemeinde geben wir unser Bestes, um das Königreich Gottes zu bauen. Viele Menschen, die zu uns kommen, finden Halt, Heilung und Heimat. Und wir haben auch einige wundervolle Projekte, die in der Stadt und unserer Gesellschaft einen Unterschied machen. So eine Gemeinde und Stiftung zu leiten, begeistert mich.

Aber nicht, weil wir das selbst bewirken könnten. Sondern weil ich immer wieder Gottes Gnade spüre. Manchmal beschleicht mich nämlich nach Leitungsteamsitzungen, Einzelgesprächen oder Videokonferenzen das Gefühl: Wir machen das ja schon ganz gut. Aber im Grunde drehen wir uns doch nur um uns selbst. Wo sind wir denn wirklich Licht und Salz? Wo sind wir Kirche für andere? Wenden wir nicht viel zu viel Zeit und Energie auf, nur damit es noch schöner wird im frommen Land?

Gott sei Dank denke ich das nicht immer, sonst hätte ich meinen Job schon längst hingeschmissen. Und es ist immer wieder wunderbar zu erleben, wie Gott das Seine tut, während wir staunend danebenstehen und merken: Ohne ihn wäre das niemals passiert! Zum Glück erleben wir das. Im Rückblick stelle ich dann oft fest: Wir sind tatsächlich Salz und Licht gewesen! Danke, Jesus!

Und das ist ja auch seine Verheißung: »So soll euer Licht vor den Menschen leuchten. Sie sollen eure guten Taten sehen und euren Vater im Himmel preisen.« Andere sehen und schmecken den Himmel durch uns Jesus-Nachfolger. Das ist Königreich Gottes, das schon hier und heute sichtbar wird.

6. Nur nicht schlappmachen! – Zweite Etappe unserer Wander-tour durch die Bergpredigt

613. Eine Zahl, die sehr beliebig wirkt. Eine Zahl, die für sich genommen kaum wichtiger scheint als die Zahl 612. Oder 756. Oder 42. Wobei 42 die Antwort auf alle nicht mathematischen Antworten ist. Laut *Per Anhalter durch die Galaxis*. Aber das tut wenig zur Sache. Was verbirgt sich hinter dieser Zahl?

In den ersten fünf Büchern der Bibel, der sogenannten Thora, gibt es 613 Gesetze und Gebote. Oftmals übersetzt man Thora deshalb auch mit »das Gesetz«. Wenn du also bei Paulus oder woanders in der Bibel vom Gesetz liest, ist meistens von der Thora die Rede – und damit von der Zahl 613. Daher ist diese Zahl gar nicht mal so unwichtig.

Liest man diese Gesetze durch, kommt man schnell zu der Frage, ob man die jetzt alle einhalten muss oder nicht. Gelten für uns alle 613 oder nur manche Gebote? Wie wichtig sind sie für uns? Sind die Zehn Gebote, die ebenfalls dazugehören, wichtiger als andere?

Die haben schon eine besondere Stellung, keine Frage. Ob sie aber wichtiger sind als die anderen? Wir gehen der Sache mal auf den Grund.

Eigentlich könnte man Thora besser mit »Wegweisung« oder sogar mit »Geschichte« übersetzen. Klar, Gesetze stehen in den ersten fünf Büchern Mose genug, wie wir gerade gesehen haben. Aber diese Bücher erzählen vielmehr eine Geschichte. Ganz konkret die Geschichte, wie Gott einen neuen Menschen schafft. Einen Menschen, der ihn von ganzem Herzen liebt und seinen Nächsten wie sich selbst.

Jesus findet diese Sache sehr wichtig, er redet mit den Menschen seiner Zeit intensiv darüber. In der Bergpredigt selbst finden wir diesen genialen Satz Jesu, der folgendermaßen lautet: »Ihr sollt nicht meinen, dass ich gekommen bin, das Gesetz oder die Propheten aufzulösen; ich bin nicht gekommen aufzulösen, sondern zu erfüllen« (Matthäus 5,17; LUT).

Dieser Satz wird oft missverstanden und falsch gebraucht. Manche machen daraus, dass Jesus die Gesetze abgeschafft habe. Oder Religion missachten würde. Oder was auch immer. Wie das gemeint ist, will ich dir gerne erklären. Deshalb schnall dich an: Jetzt gibt es eine Runde Heilsgeschichte im Schnelldurchlauf.

Am Anfang schuf Gott den Menschen. Die ersten hießen Adam und Eva. Ihre Geschichte steht ganz zu Beginn. Nur wenige Verse später lesen wir von der Rebellion gegen Gott. Die Menschen wollen sein wie Gott und nehmen ihn nicht ernst. Das hat schwerwiegende Folgen – von der Vertreibung aus dem Paradies bis hin zu einer enormen Flutkatastrophe.

Da Gott aber einen anderen Plan mit uns Menschen hat, erwählt er Abraham. Dessen Familie soll zum Segen für die ganze Welt werden. Durch einige Irrungen und Wirrungen befindet sich diese Familie jedoch mehrere Generationen später in ägyptischer Sklaverei.

Dann gibt es mit Mose jemanden, der sich durch Gottes Führung als Führer des Volkes Israel hervortut. Er ist zwar rhetorisch nicht so begabt, aber er ist gehorsam. So kommt es, dass er das Volk an den Berg Sinai führt. Dort schließt Gott einen Bund mit

Israel. Das bedeutet, er macht einen Vertrag mit dem Volk, indem er sagt: »Haltet *ihr* meine Gebote und *ich* kümmere mich um den Segen.« Eigentlich ein guter Deal.

WICHTIGE VERTRAGSBEDINGUNGEN

Alle Gebote, die Gott dem Volk Israel durch Mose gibt, sind die Voraussetzungen, unter denen Gott seinen Bund aufrechterhält. Mithilfe dieser Gebote werden moralische Grundlagen für zwischenmenschliche Beziehungen, das ganze gesellschaftliche Leben und die Formen des Gottesdienstes geregelt.

Wenn ich mir das alles so ansehe, kommt es mir schon ein bisschen komisch vor. Aber diese Gesetze haben dafür gesorgt, dass sich das Volk Israel besonders stark von anderen Völkern abheben konnte. Vielleicht haben sie ja auch nur dadurch so lange überlebt. Wer weiß?

Gott jedenfalls legt die Latte ganz schön hoch. Das hat zur Folge, dass das Volk auch manchmal echt genervt davon ist. Ein guter Freund von mir sagte letztens: »Der Weg, den ich jetzt gehe, ist zwar richtig, aber er ist sehr anstrengend.« Das beschreibt es ganz gut.

Nachdem Gott dem Volk Israel die Zehn Gebote gegeben hat (die kennst du sicherlich, selbst wenn du noch nie eine Bibel aufgeschlagen hast), zeigt sich ziemlich schnell, dass Israel sich überhaupt nicht daran hält. Beispielsweise befiehlt Gott: »Du sollst keine anderen Götter haben neben mir« (2. Mose 20,3; LUT).

Doch kaum kommt Mose vom Berg Sinai herunter, findet er ein Volk vor, das vor einem goldenen Kalb herumtanzt und es als Gott verehrt. Mose ist so wütend, dass er die Gesetzestafeln direkt zerstört.

Im Anschluss daran bekommt er von Gott nicht nur neue Gesetzestafeln, sondern auch noch zusätzliche Gebote. Dann folgen wieder Ereignisse, die zeigen, wie diese Gesetze gebrochen werden, und wieder kommen neue Gesetze. In dieser Tour geht es eine ganze Zeit lang weiter. Fazit des Ganzen: Egal, wie viele Gesetze Gott erlässt, sie werden immer wieder übertreten. Die Rebellion des Volkes kommt immer wieder zum Tragen.

Ganz am Ende der Thora erleben wir dann, wie Mose eine letzte Rede hält, bevor das Volk Israel in das verheißene Land ziehen darf. Mose stellt fest, dass das ganze Volk versagt hat: Keiner hat Gottes Gebote eingehalten. Niemand. Auch nicht er selbst. Aber er weiß, was das Volk braucht: keinen Gesetzeskatalog, sondern ein verändertes Herz. Ein Herz, das durch Gott neu gemacht wurde und entsprechend handelt. Dann würde das Volk auch die Gesetze und Gebote halten können (vgl. 5. Mose 30,1-6).

Nun geht es weiter: Die Israeliten kommen in das verheißene Land. Und sie brechen erneut die Gesetze. Immer und immer wieder. Vor allem, wenn man das Buch der Richter liest, wird das sehr deutlich. Aber auch in der Zeit der Könige geht es rund – wie wir ja in einem vorigen Kapitel bereits gesehen haben: Treue, gerechte Könige, die nach Gottes Willen handeln wollen, finden sich in der Historie Israels nur wenige.

Aber Gott gibt nicht auf, sondern spricht zu seinem Volk durch Propheten. Sie sollen warnen, verurteilen, aber auch Hoffnung machen auf das, was Gott vorhat.

RADIKALE ERNEUERUNG STATT OBER-
FLÄCHLICHER SCHÖNHEITSREPARATUR

Bei den Propheten finden wir Botschaften wie: Der Geist Gottes
muss die Herzen der Menschen erneuern. Erst dann können sie
gehorsam sein, denn dann fühlt es sich nicht wie eine Pflicht,
sondern eher wie ein Lebensstil an. Jesaja redet vom Messias, der
allen Menschen die Möglichkeit eröffnen wird, nach Gottes Willen
zu leben. Wie das konkret aussieht, konnte damals noch keiner
ahnen.

Springen wir noch einmal nach vorn zu dem Vers, in dem Jesus
sagt: »Ihr sollt nicht meinen, dass ich gekommen bin, das Gesetz
oder die Propheten aufzulösen; ich bin nicht gekommen aufzulösen, sondern zu erfüllen« (Matthäus 5,17; LUT).

Jesus stimmt den Schriften des Alten Testamentes zu. Es geht
ihm nicht um Auflösung, sondern um Erfüllung. An einer anderen Stelle sagt er: »Was aber aus dem Mund herauskommt, das
kommt aus dem Herzen, und das macht den Menschen unrein.
Denn aus dem Herzen kommen böse Gedanken, Mord, Ehebruch, Unzucht, Diebstahl, falsches Zeugnis, Lästerung. Das sind
die Dinge, die den Menschen unrein machen. Aber mit unge-
waschenen Händen essen macht den Menschen nicht unrein«
(Matthäus 15,18-20; LUT).

Jesus macht also deutlich, dass unser Herz von sich aus immer
wieder rebelliert. Dieses bewusste Gegen-Gott-Sein-und-Han-
deln, das steckt bei uns allen tief im Inneren.

Damit lässt Jesus uns aber nicht allein. Sondern er bringt eine
Lösung. Indem er sagt, er sei gekommen, das Gesetz zu erfüllen,
erklärt er im Grunde: Ich schreibe die Geschichte des Alten Testa-

mentes weiter. Ich bin der Messias. Ich bin der Herzenserneuerer. Ich bin die Lösung, die Gott sich für diese katastrophale Menschheit ausgedacht hat.

In den Ohren seiner Gegner war das eine enorme Provokation. Aber für uns ist es ein krasses und starkes Statement. Denn es bedeutet, dass Jesus uns einen Weg aufzeigt, den es vorher noch nicht gab: Durch ihn und in ihm können wir so handeln, wie Gott es sich gedacht hat.

Und wie sieht das praktisch aus? Jetzt kommen wir zu einem weiteren Meilenstein auf unserer Wandertour durch die Bergpredigt. Hier sagt Jesus: »Liebt eure Feinde, und betet für die, die euch verfolgen. Damit erweist ihr euch als Söhne eures Vaters im Himmel« (Matthäus 5,44-45; NGÜ).

PRAKTISCHE NÄCHSTENLIEBE

Die Sache mit der Nächstenliebe kannten die Menschen schon aus den alten Schriften. Seine Feinde zu lieben, war jedoch eine Revolution! Diese Aufforderung soll alles verändern: unser ganzes Handeln im Alltag, im Umgang mit anderen Menschen.

Jesus macht deutlich, dass es nicht nur darum geht, niemanden zu töten. Das schaffen viele. Sondern wir sollen unserem Nächsten mit Respekt und Wertschätzung begegnen, egal, ob er oder sie uns mag oder nicht. Wunderwaffe Wertschätzung. Tim Niedernolte hat ein Buch darüber geschrieben, das ich sehr empfehlen kann.[8] Hier wird deutlich, dass wir andere wirklich lieben lernen und für sie beten sollen, auch wenn sie hinter uns her sind oder gar nicht wissen, was Gebet ist.

In diesem Sinne spricht Jesus auch noch über ein paar andere Themen. Da geht es um Ehebruch, Schwören, ums Vergelten, Almosengeben und Fasten. Er setzt neue Akzente, und meiner Meinung nach möchte er uns dadurch zeigen, dass es nicht nur auf die Tat an sich ankommt, sondern auf ein verändertes Herz. Nur so ist es möglich, andere wirklich zu lieben. Denn das ist ja das Grundgebot, das Gott uns gibt: Wir sollen andere lieben!

Eine Ethik, die noch einen draufsetzt. Die vor Demut strotzt. Als Jesus einmal von einem klugen Mann gefragt wird, welches das wichtigste Gebot sei, antwortet er: »›Du sollst den Herrn, deinen Gott, lieben von ganzem Herzen, von ganzer Seele und von ganzem Gemüt‹ (5. Mose 6,5). Dies ist das höchste und erste Gebot. Das andere aber ist dem gleich: ›Du sollst deinen Nächsten lieben wie dich selbst‹ (3. Mose 19,18). In diesen beiden Geboten hängt das ganze Gesetz und die Propheten« (Matthäus 22,37-40; LUT).

Das zu üben und zu lernen, ist eine Lebensaufgabe und ein wichtiger Teil von Jüngerschaft und Nachfolge.

Jesus selbst ist uns darin das größte Vorbild. So wie er anderen begegnet ist, sollen auch wir es tun. Wir sollen und dürfen für andere beten. Wir sollen zu den Schwachen, Kranken, Armen und Waisen gehen. Jesus liebte seine Feinde bis in den Tod hinein. Aber er blieb nicht tot, sondern stand von den Toten auf! Und nach seiner Himmelfahrt schickte er den Heiligen Geist, der uns dazu befähigen möchte, Gott zu gehorchen.

Das hat Gott schon im Alten Testament durch den Propheten Hesekiel versprochen: »Und ich will ihnen ein anderes Herz geben und einen neuen Geist in sie geben und will das steinerne Herz wegnehmen aus ihrem Leibe und ihnen ein fleischernes Herz geben, damit sie in meinen Geboten wandeln und meine Ordnungen halten und danach tun. Und sie sollen mein Volk sein, und ich will ihr Gott sein« (Hesekiel 11,19-20; LUT).

Wir werden also erneuert, unsere Herzen bleiben nicht wie aus Stein. Dadurch sind wir nicht nur irgendwie mit dabei, sondern *repräsentieren* Gottes heilsame Liebe: die Liebe, die zuerst mir selbst gilt, wodurch ich dann auch fähig werde, andere zu lieben. Das ist der Auftrag von Kirche, Gemeinde und Christsein: seine Liebe weitergeben! Das ist die Verfassung des Königreiches Gottes.

An dieser Stelle wäre es bestimmt nicht schlecht, mal kurz durchzuatmen. Nimm dir doch eine Minute Zeit: Leg das Buch zur Seite und schalte dein Handy auf stumm. Und dann schließ deine Augen. Atme tief ein und aus und überlege: Wie geht es deinem Herzen? Möchtest du es von Gott verändern lassen? Wenn ja, nutze diese kurze Stille, um ihn darum zu bitten.

REDEN ODER ZUHÖREN?

Gebet. Das kennst du. Wahrscheinlich. Laut einer Umfrage beten ca. 42 Prozent der Menschen in Deutschland *nie*. 4 Prozent machen keine Angaben, was im Umkehrschluss heißt: Über die Hälfte der Deutschen betet. 10 Prozent sogar täglich.[9] Das ist mehr, als ich dachte.

Dieses Buch reicht selbstverständlich nicht aus, um das Thema Gebet komplett zu betrachten. Deshalb habe ich zunächst nur *eine* Frage mitgebracht! Nur eine: Was machst du, wenn du betest?

Es gibt eine einfache Antwort: »Ich rede mit Gott.« Aber das ist mir noch zu wenig. Ich möchte die Frage daher noch etwas ausweiten: Was passiert, wenn du betest: Wer redet? Wer nicht? Wer antwortet?

Schaue ich auf mein eigenes Leben, muss ich sagen, dass *ich* die ganze Zeit am Erzählen bin. Wenn ich mit meiner Frau rede, dann ist unser Gespräch noch recht ausgewogen. Jeder hat seinen Gesprächsanteil. Sobald ich aber mit Gott rede, quatsche ich gefühlt die ganze Zeit. Zu 99 Prozent. Mindestens. Ich rede. Nicht er.

Gebet sollte aber ein Dialog sein. Das heißt ja, dass zwei Leute miteinander reden und nicht einer von beiden einen Vortrag hält. Wenn es gut läuft, hören sie sich gegenseitig aufmerksam zu und reagieren auf das, was der andere sagt. Dann ist es ein Gespräch und kein Monolog.

Besonders für Leute, die noch nie in ihrem Leben gebetet haben, also etwa 42 Prozent in Deutschland, stellt sich doch die Frage: Was passiert da eigentlich beim Beten? Warum machen das die Kirchgängerinnen und Kirchgänger?

Gebet berührt in uns etwas, was total essenziell und ein großes Bedürfnis für uns ist. Wir dürfen uns bei Gott aussprechen. Wir können ihm alles sagen, was uns wichtig ist. Aber hören wir auch, was Gott sagt?

Die Bibel ist vollgepackt mit Gebet. Sie enthält zahlreiche Gespräche mit Gott. Oder anders gesagt: Hier begegnen sich Gott und Mensch. Himmel und Erde. Die sichtbare und die geistliche Welt. Das Natürliche und das Übernatürliche.

Wenn du betest, suchst du Gott. Wer bist du also im Gebet? Und wer ist eigentlich Gott?

Mir hat man beigebracht, dass man beim Beten die Augen zumacht, die Hände faltet und so mit Gott redet, wie einem der

Schnabel gewachsen ist. Und das drückt eine innige, freundschaftliche Beziehung zu Gott aus.

Aber die Frage ist doch, ob das schon alles ist. Wer ist Gott im Gebet für mich? Ist er mein Freund? Oder mein Bruder? Oder ein anonymer Seelsorger? Kratzt mein Gebet nur an der Freundschaftsebene, oder mache ich mir bewusst, dass ich mit dem Schöpfer des Himmels und der Erde rede? Mit dem Herrn der Geschichte. Dem Allmächtigen. Dem großen, wunderbaren Gott. Dem Heiligen. Dem Gewaltigen. Dem Kraftvollen. Dem A und O. Dem Beginner und Vollender. Und natürlich nicht zuletzt: mit dem König des Königreiches Gottes. Ist mir klar, dass ich im Gebet mit diesem Gott rede? Ich kleiner Mensch, der zu dem kommt, über den hinaus nichts Größeres gedacht werden kann. Das geschieht im Gebet. Was für ein Privileg, oder?

Eckart von Hirschhausen hat mal die Frage gestellt: »Warum heißt es, wenn ich mit Gott spreche: Gebet, und wenn Gott mit mir spricht: Psychose?«[10]

Falls dir bisher nicht bewusst war, dass es im Gebet auch um das Hören geht, dann ist das ja eine komplette Neuinformation. Dass du das dann als Psychose auslegst, ist logisch. Du hörst ja plötzlich eine Stimme. Trotzdem bedeutet Gebet tatsächlich auch, auf Gott zu hören. Und wenn du keine Ahnung hast, wie das gehen soll, beginn doch mal mit Stillsein. Vielleicht geschieht ja was.

Jedenfalls ist es spannend, dass wir im Lukasevangelium lesen, dass die Jünger Jesus um etwas bitten, nämlich: »Herr, lehre uns beten« (Lukas 11,1; LUT).

Interessanterweise finden wir in den Evangelien nicht so viele konkrete Bitten der Jünger. Aber über das Gebet wollen sie dann doch einiges wissen. Jesu Antwort lautet übrigens nicht: »Schließ die Augen, falte die Hände, und rede so mit Gott, wie dir der Schnabel gewachsen ist.« So wie ich das früher gelernt habe.

Sondern seine Antwort ist das Vaterunser! Das finden wir bei der Lukasstelle – und in der Bergpredigt. Deswegen reden wir darüber. Hier kommt also das bekannteste aller christlichen Gebete, das du jetzt gerne mal vor dich hin beten kannst – wenn du alleine bist, auch gerne laut!

> Unser Vater im Himmel!
> Dein Name werde geheiligt.
> Dein Reich komme.
> Dein Wille geschehe wie im Himmel so auf Erden.
> Unser tägliches Brot gib uns heute.
> Und vergib uns unsere Schuld, wie auch wir vergeben unsern Schuldigern.
> Und führe uns nicht in Versuchung, sondern erlöse uns von dem Bösen.
> Denn dein ist das Reich und die Kraft und die Herrlichkeit in Ewigkeit.
> Amen.
> *Matthäus 6,9-13;* LUT

ZU WEM REDEN WIR?

Was beten wir da und was hat das mit dem Königreich Gottes zu tun? Das Vaterunser ist aus einer Reise durch die Bergpredigt nicht wegzudenken. Deswegen wollen wir uns damit befassen. Fünf Punkte möchte ich ansprechen:

Der erste Punkt ist die Anrede: »Unser Vater im Himmel!« Das bringt uns zu der wichtigen Frage: Wie nennen wir Gott?

Manche sagen einfach »Gott«. Ich sage beispielsweise ganz oft »Herr«. Im Alten Testament findest du dieses Wort manchmal in Großbuchstaben. Das deutet dann darauf hin, dass an dieser Stelle im hebräischen Original der Gottesname »Jahwe« steht. Dieser Name ist für die Juden so heilig, dass sie ihn nicht aussprechen, sondern irgendwie umschreiben.

Manche versuchen in ihrer Anrede, gleich die ganze Dreieinigkeit Gottes ins Gebet zu pressen, damit sie ja niemanden vergessen; andere begnügen sich mit einem der drei und sagen einfach »Jesus«.

Doch Jesus selbst macht uns hier einen anderen Vorschlag: *Pater* (griechisch) oder im Hebräischen *Abba* heißt so viel wie Papa. Die Niedlichkeitsform sozusagen. Eine unfassbar intime und innige Bezeichnung für Gott. Dazu kam mir folgender Gedanke: Stell dir vor, du bist ein kleines Kind, und du lernst sprechen. Von wem lernst du das? In der Regel von deinen Eltern. Du übernimmst erste Wörter und Ausdrücke, die Grammatik, den Dialekt und bekommst so im Laufe der Zeit ein eigenes Sprachgefühl. Vielleicht hast du auch besonders nette Freunde, die dir ein paar interessante Ausdrücke beibringen. Ich selbst habe mal einem kleinen Jungen das Wort »Schniedelwutz« beigebracht. Er wusste zwar nicht, was es ist, aber es gehörte bestimmt zu den Top Ten der Wörter, die er als Erstes sagen konnte. Asche auf mein Haupt.

Jedenfalls haben wir alle von unserem jeweiligen Umfeld das Sprechen gelernt. Wenn man nun diese Erfahrung auf das Vaterunser überträgt, würden wir hier bei unserem Vater im Himmel das Sprechen lernen. Wie genial, oder?

Es hilft, einmal in der Bibel nachzuschauen, wie Gott spricht oder wie Gebete in der Bibel formuliert sind. Manche sind sehr lyrisch, künstlerisch und schön. Manche klingen zornig oder klagend. Andere sind überschwänglich positiv. Je mehr wir in der Bibel lesen, desto besser verstehen wir, weshalb Gott an verschiedenen Stellen unterschiedlich angeredet wird. »Unser Vater im Himmel« gibt dem Ganzen aber eine Richtung.

GOTT ZUERST

Der zweite Punkt betrifft die Verse: »Dein Name werde geheiligt. Dein Reich komme. Dein Wille geschehe wie im Himmel so auf Erden.«

Der Fokus liegt hier auf Gott. Es geht nicht um mich und meine eigenen Sorgen. Keine Angst, die werden auch noch berücksichtigt, sie werden nicht vergessen! Aber zunächst einmal sollten wir uns im Gebet auf Gott ausrichten und sein Reich in den Blick nehmen. Wir loben ihn und geben ihm die Ehre, die ihm gebührt. Wir sagen ihm, dass er über alles andere erhoben ist.

Das heißt im Übrigen auch, dass wir selbst nicht der Mittelpunkt des Universums sind. Eine Botschaft, die wir nicht gerne hören, die aber wichtig für uns ist: Gott ist heiliger als wir. Das ändert nichts an seiner Liebe zu uns. Aber er steht über uns. Das sollten wir uns immer wieder neu bewusst machen.

Echte Anbetung funktioniert eben nicht nach dem Motto: »Wenn ich dann mal Zeit habe, irgendwann vielleicht, spreche ich ein gut gemeintes kurzes Dankgebet!« Nein, hier geht es um mehr! Was Gott möchte, sind Anbeter, die es auf dem Herzen haben, ihm die Ehre zu geben.

Reich Gottes heißt nämlich auch: Alle Ehre diesem Gott! Und das geschieht im aufrichtigen Lobpreis, wie uns die Psalmen verraten: »Du bist doch heilig, du wohnst dort, wo dein Volk Israel dir Loblieder singt« (Psalm 22,4; NGÜ).

Wenn wir beten, dass Gottes Reich kommen möge, heißt das auch, dass es noch nicht vollständig da ist. Es ist zwar angebrochen, aber noch nicht in seiner Vollendung sichtbar und spürbar. Wir beten also, dass Gott Frieden, Hoffnung und Liebe genau dorthin schicken möge, wo es daran fehlt.

In unserem eigenen Leben finden sich da durchaus immer wieder konkrete Punkte, aber richten wir unseren Blick mal auf die ganze Welt. Dort, wo Terror, Hass und Tod regieren, brauchen wir dieses wunderschöne Königreich Gottes schon jetzt. Mehr als alles andere. Und so schnell wie möglich.

Beten wir dafür!

Als dritter Punkt sind unsere eigenen Sorgen und Nöte dran: »Unser tägliches Brot gib uns heute. Und vergib uns unsere Schuld, wie auch wir vergeben unsern Schuldigern. Und führe uns nicht in Versuchung, sondern erlöse uns von dem Bösen.«

Unser tägliches Brot. Wenn wir darum beten, heißt das für uns heute: Wenn ich selbst genug habe, kann ich abgeben. Dadurch kann ich für die, die nichts oder zu wenig haben, zu einer Art verkappter »Gebetserfüller« werden.

Unsere Schuld. Wir bitten Gott, dass er uns unsere Schuld so einfach vergibt, wie wir anderen ihre Schuld vergeben. Hier steckt also die goldene Regel drin: Behandle andere so, wie du selbst behandelt werden möchtest! Und lerne Vergebung. Nicht nur auf dich selbst bezogen, sondern auch auf andere.

UM ERLÖSUNG BITTEN

»Führe uns nicht in Versuchung...« Wenn ich über diesen Vers mit anderen ins Gespräch komme, frage ich erst mal nach ihrem Gottesbild. Führt Gott uns in Versuchung?

Ich denke, wir gehen viel zu oft einfach vom Gegenteil aus, anstatt den Zuspruch und die Bitte im Vaterunser ernst zu nehmen. Gott soll uns schützen vor dem, was uns anficht. Ein guter Freund von mir sagt in diesem Zusammenhang gerne, dass Anfechtung immer der Vorschlag zur Sünde sei. Davor soll Gott mich schützen!

Übrigens steckt in jedem Vaterunser auch ein kleiner Exorzismus mit drin.

Was?!

Logisch! »Sondern erlöse uns von dem Bösen« ist doch genau das: ein Befreiungsgebet. Ist dir das bewusst, wenn du das betest? Ich weiß nicht, ob du an den Bösen glaubst. Gibt es einen Teufel, einen Satan oder einen Diabolos? Ich will nicht näher auf diese Frage eingehen, kann dir aber sagen, dass Jesus ganz glasklar von dessen Existenz ausgegangen ist.

Und eines steht fest: Böses kennen wir. Auch wenn uns der Verursacher nicht immer klar ist, ist es wichtig, Böses beim Namen zu nennen und zu Gott zu bringen. Zu beten: Mach mich frei von dem Bösen, von der Finsternis, von den Dingen, die mein Herz schwer machen. Im Vaterunser ist dafür Raum.

Der vierte Punkt setzt noch mal einen besonderen Akzent: »Denn dein ist das Reich und die Kraft und die Herrlichkeit in Ewigkeit.« Hier sagt man nichts anderes als »Du bist Gott!« Gott ist der König, der Herr, er hat das Sagen. Alles gehört ihm. Alles, was ich habe und bin, gebe ich ihm. In Ewigkeit – also für immer!

Und am Ende gibt es ein Amen! So ist es – nicht anders. Das heißt »Amen«. Es drückt unsere Zustimmung aus. Deshalb bekräftigt man in einer Gebetsgemeinschaft gerne, was jemand anders gesagt hat, durch ein Amen. Es bedeutet: Ich stimme dem anderen zu! Das, was gebetet wurde, ist auch *mein* Gebet. Amen. So ist es.

Das Vaterunser ist für mich eine Art Kurzanleitung, wie wir uns dem Reich Gottes nähern können. Alles, was ich darin sage, betet das »Schon jetzt« des Reiches Gottes herbei und richtet meinen Blick auch auf das, was noch kommt. Vergangenheit, Gegenwart und Zukunft sind darin miteinander verwoben.

Nicht zuletzt kann mir das Vaterunser auch zur Korrektur meines persönlichen Gebetslebens dienen. Passen die Dinge, die ich bete, hier hinein? Dietrich Bonhoeffer sagt in seinem Buch *Nachfolge* dazu: »Das Vaterunser ist das Gebet schlechthin.«[11] Das ist ein hoher Anspruch. Aber auch ein wunderbarer Zuspruch.

»Herr, lehre uns beten!«, baten die Jünger.

Und Jesus sagt: »Unser Vater im Himmel …« Amen.

MONEY, MONEY, MONEY …

Auszüge aus meinem Studentenleben: »Habe ich noch genug Geld, dass ich die Miete pünktlich überweisen kann? Ist noch etwas im Kühlschrank? Habe ich den Text für das Seminar morgen schon gelesen? Wann kommt das Paket mit den neuen DVDs und Spielen zum Prokrastinieren[12]? Und überhaupt: Wann verliebt sich denn endlich das Mädchen meiner Träume in mich? Und was soll ich mal werden? Bin ich auf dem richtigen Lebensweg? Sollte ich mal eine Auszeit machen, um herauszufinden, was ich wirklich will? Wer bin ich überhaupt? Und wie bin ich?«

Fragen, die ich mir durchaus gestellt habe. Immer wieder. Auf einige dieser Fragen habe ich auch tatsächlich eine Antwort gefunden. Manche Fragen stelle ich mir heute nicht mehr, andere hingegen immer wieder.

In der Zeit zwischen zwanzig und dreißig, so sagt man, beantwortet man die wichtigsten Fragen im Leben. Wo, mit wem und wie will ich leben? Was arbeite ich? Was ist mir wichtig, was weniger? Grundlegende Entscheidungen werden getroffen und geben meinem Leben Richtung. Es ist also auch die perfekte Zeit, sich Sorgen zu machen: Was ist, wenn es mit dem Studium, der Ausbildung, mit meinem Weg nicht funktioniert? Was ist, wenn die Beziehungen, auf die ich baue, nicht für ewig dauern werden? Was ist, wenn ich mich in einem anderen Job viel besser fühlen würde?

Das Ganze ist meistens begleitet von mehr oder weniger guten Entscheidungen. Oder der Entscheidung, sich nicht zu entscheiden. So versuchen manche, sich Zeit zu erkaufen. Doch früher oder später muss man sich diesen Themen wieder stellen.

Nicht zuletzt geht es auch ums Geld. Habe ich keins mehr, muss ich zu Potte kommen: Berufswahl, Ausbildung fertig, arbeiten gehen.

Versorgung mit Geld, mit lieben Menschen an meiner Seite und allem Übrigen, was ich brauche – das ist sehr wichtig, und Gott hat das im Blick. Das Vertrauen darauf, dass Gott für uns sorgt, ist ein wichtiges geistliches Thema. Wir dürfen uns darauf verlassen, dass Gott ein souveräner König ist, der alles richtig macht.

Wenn ich in dieser Phase meines Lebens auf alles geschaut hätte, was mir fehlt, dann hätte ich durchaus depressiv werden können: wenig Geld, keine Frau oder Freundin, schlechte Aussichten, mit meiner Frömmigkeit in der Landeskirche anzudocken, nicht mal ein guter Student war ich. Aber was ich hatte, war das Vertrauen, dass Gott mich irgendwie versorgen wird. Bis heute hat er diese Einstellung auch immer wieder mit wertvollen Erfahrungen befüttert.

Trotzdem war es ein krasser Schritt für mich, den zehnten Teil meines wenigen Geldes in die Gemeinde zu geben. Das hat ganz verschiedene »Learnings« in mir hervorgebracht:

Erstens habe ich gelernt, darauf zu vertrauen, dass Gott mich versorgt. Zweitens hat mir diese Erfahrung dabei geholfen, mein Geld bewusster und damit für bessere Dinge auszugeben. Drittens habe ich gemerkt, dass ich mich durch diese finanzielle Unterstützung mit meiner Gemeinde eins mache. Schließlich habe ich Gottes Segen immer wieder in meinem Leben gespürt. Wenn ich Geld gebraucht habe, kam es tatsächlich von irgendwoher.

An der Stelle einen riesengroßen Dank an meine Eltern, die mir besonders in dieser Phase geholfen haben! Ohne euch wäre ich nicht hier!

In der Bergpredigt formuliert Jesus diese Herausforderung so:

Sorgt euch nicht um euer Leben, was ihr essen und trinken werdet; auch nicht um euren Leib, was ihr anziehen werdet. [...] Seht die Vögel unter dem Himmel an: Sie säen nicht, sie ernten nicht, sie sammeln nicht in die Scheunen;

und euer himmlischer Vater ernährt sie doch. Seid ihr denn nicht viel kostbarer als sie? [...] Und warum sorgt ihr euch um die Kleidung? Schaut die Lilien auf dem Feld an, wie sie wachsen: Sie arbeiten nicht, auch spinnen sie nicht. [...] Sollte er das nicht viel mehr für euch tun, ihr Kleingläubigen? Darum sollt ihr nicht sorgen und sagen: Was werden wir essen? Was werden wir trinken? Womit werden wir uns kleiden?

Auszüge aus Matthäus 6,25-31; LUT

Dieses Phänomen, das Jesus da beschreibt, ist schon krass. Lilien. Was sind schon Lilien? Oder Vögel? Und wie viel mehr sorgt sich Gott um uns und wir begreifen es oft nicht.

Sorgenmachen ist etwas Schreckliches, das weiß ich aus eigener Erfahrung. Ich habe mir oft Sorgen gemacht, Bedenken geäußert, schreckliche Gedanken zu Ende gedacht. Ich war mir einfach unsicher, ob alles gut wird, ob ich gesund bleibe, ob ich versorgt werde und so weiter. Denn in mir drin habe ich oft die Angst verspürt, dass Gott sich nicht um mich kümmert.

Bis ich begonnen habe, mich mit diesen Ängsten Gott anzuvertrauen. Heute bete ich jede Sorge vor Gott aus und weiß, er hört mich. Das war aber ein Prozess, der lange gedauert hat.

Nach meinem Studium habe ich eine durch Spenden finanzierte Stelle übernommen. Im Vergleich zu heute hatte ich praktisch nichts auf dem Konto. Alles war ein Kampf. Der Dispo wurde mein bester Freund. Aber ich wusste, mein Dispo ist nicht mein Herr, und selbst wenn ich ihn ausreize, wird Gott mich versorgen. Diesen Glauben habe ich im Studium gewonnen und so erlebe ich es bis heute.

Vielleicht denkst du jetzt: Der hat heute gut reden!

Aber glaub mir, es war ein langer Kampf, und ohne Gottes übernatürliches Wirken hätte ich es nicht geschafft. Aber ich durfte erleben, wie Gott mich versorgt. Übrigens nicht nur finanziell. Ich habe auch irgendwann meine Herzensdame gefunden und darf heute Papa sein.

Das hat allerdings auch alles mit Gehorsamsschritten zu tun. Die Herausforderung lautet: Vertrau dich Gott an. Mit allem, was du hast. Wirklich. Sing davon nicht nur sonntags im Lobpreis, sondern mach dir diese Haltung zu eigen! Immer! Dann erlebst du, wie Gott dich durchträgt.

Das Leben wird dadurch nicht sorgenfrei, aber deine Sorgen landen schließlich an der richtigen Stelle – nämlich bei Gott. Ich durfte das so erleben, und so möchte ich diesen Part gerne mit einem wichtigen Prinzip Jesu abschließen: »Trachtet zuerst nach dem Reich Gottes und nach seiner Gerechtigkeit, so wird euch das alles zufallen. Darum sorgt nicht für morgen, denn der morgige Tag wird für das Seine sorgen. Es ist genug, dass jeder Tag seine eigene Plage hat« (Matthäus 6,33-34; LUT).

Was Jesus hier formuliert, soll den Abschluss unserer Wandertour durch die Bergpredigt bilden. Es ist eine unglaublich wichtige Stelle, die uns dazu auffordert, die richtige Priorität zu setzen: Wenn wir zuerst nach dem Reich Gottes suchen, wird Gott sich um alles Übrige kümmern.

Das ist keine Einladung zur Naivität, nach dem Motto: »Muss ich ja nur noch danach trachten, und fertig!« Sondern es ist eine Einladung zum Gebet, zum Handeln, zur Beziehung mit meinen Nächsten. Es ist ein Hinweis, dass wir das Reich Gottes finden, wenn wir das alles hören und danach handeln.

7. IST MIR GLEICH! – Prinzipien des Königreiches Gottes aus und in Gleichnissen

Jesus mag Gleichnisse. Sie beschreiben ganz oft genau das, was wir in diesem Buch behandeln. Deswegen lohnt es sich, erst mal grundsätzlich etwas über Gleichnisse zu sagen und dann zu schauen, was sie mit dem Königreich Gottes zu tun haben. Sieben Merkmale möchte ich herausstellen:

Als Allererstes konnte Jesus mit Gleichnissen auf sich und seinen Auftrag hinweisen. Und was war sein Auftrag? Richtig: das Königreich Gottes zu predigen. Er nutzte diese Geschichten also, um neue Perspektiven auf sich selbst und die Welt zu eröffnen.

Zweitens sind die Gleichnisse aus der Praxis gegriffene Beispiele, mit denen die Zuhörer etwas anfangen konnten. Diese kurzen Geschichten hatten mit dem Alltag der Menschen zu tun, die damals lebten. Viele Gleichnisse drehen sich um Themen der Landwirtschaft, da die Zuhörer entweder selbst in diesem Bereich arbeiteten oder aber zumindest die dazugehörigen Phänomene kannten.

Drittens nutzte Jesus diese Geschichten, um den Leuten deutlich zu machen, dass das Königreich Gottes kein »Gegenreich« zum Römischen Reich darstellte. Das Königreich Gottes ist nicht in unserem Sinne politisch, sondern zielt auf den Einzelnen und die Einzelne ab.

Dazu sollten wir uns bewusst machen, dass die Zeitgenossen Jesu sehr unter der Vorherrschaft des Römischen Reiches gelitten haben. Die Römer haben andere Völker unterworfen und gnadenlos ausgebeutet. Kein Wunder, dass die Israeliten nicht gut auf die Römer zu sprechen waren. Sie sehnten sich nach politischer Unabhängigkeit.

Gleichzeitig wussten sie aus den Erzählungen und den Prophetien des Alten Testamentes, dass es eines Tages ein Königreich Gottes geben wird. Ein Zeichen dafür ist das Kommen des Messias.

Als Jesus sagte, dass mit ihm das Königreich Gottes nahe herbeigekommen sei, wurden die Menschen hellhörig. Sie hofften, er sei der Befreier, der alles anders machen würde. Und dieses »anders« bedeutete für sie: »alles ohne Römer«.

Obwohl Jesus tatsächlich das Königreich Gottes zu uns gebracht hat, war es nicht von dieser Welt. Jesus war ein Revoluzzer, aber ein Revoluzzer der menschlichen Herzen. Er war grenzüberschreitend. Doch es ging ihm nicht um politische Grenzen, sondern um religiöse oder kulturelle. Um Grenzen, die nur in unseren Köpfen sind. Jesus war eben radikal anders. Und genau das macht ihn aus.

Die Gleichnisse waren immer herausfordernd und teilweise echt hart. Jesus wusste genau, wie er die Menschen damals berühren konnte. Und mich berühren seine Gleichnisse noch heute. Immer wieder. Sie wirken frisch und neu. Nur muss man ihnen auch die Chance dafür geben.

Viertens gebrauchte Jesus in seinen Gleichnissen einen kleinen rhetorischen Kniff: Er verfremdete das Thema, übertrug es in andere Situationen hinein, um so ganz viel aussagen zu können. Er offenbarte verborgene Vorgänge, ohne sie ausdrücklich beim Namen zu nennen. So konnte er kritisieren und gleichzeitig ermutigen.

Dazu kommt *fünftens*, dass seine Gleichnisse oft überraschend sind. Ich entdecke oft Wendungen und Schlussfolgerungen, die ich nicht erwartet hätte. Jesus schafft damit neue Perspektiven. Überraschungen sind ja manchmal positiv und bleiben uns in Erinnerung, weil sie unsere Erwartungen sprengen. Diesen Effekt erzielte Jesus unter anderem mit Gleichnissen.

Sechstens stellen die Gleichnisse häufig unsere Welt auf den Kopf. Sie zeigen umgekehrte Werte auf. Jesus erreichte dadurch, dass die Menschen der damaligen Zeit – und auch ich, wenn ich das heute lese – eine ganz neue Kultur kennenlernten.

Und *siebtens* fordern die Gleichnisse oft eine Entscheidung heraus: Auf welcher Seite stehe ich? Was finde ich gut, was nicht? Bleibe ich so, wie ich bin, oder lasse ich mich von diesen Gleichnissen einladen, ganz neu und anders zu leben? Möchte ich dem Königreich Gottes angehören oder nicht?

Gleichnisse schaffen genau diesen Effekt. Sie stellen uns vor die Herausforderung, uns zu entscheiden.

Sieben Merkmale – hier hast du sie noch mal kurz und bündig:

- Die Gleichnisse weisen auf Jesu Auftrag hin.
- Sie sind aus der Praxis gegriffen und somit alltagsrelevant.
- Sie erzählen vom Königreich Gottes, das ganz anders ist als alle übrigen Königreiche.
- Sie verfremden ein Thema, um damit noch mehr auszusagen, als man im ersten Moment denkt.
- Sie enthalten teilweise sehr überraschende Wendungen.
- Sie zeigen umgekehrte Werte und eine neue Kultur auf.
- Und *last but not least*: Gleichnisse fordern mich zu einer Entscheidung auf.

Man würde sicherlich noch mehr Merkmale finden, aber ich belasse es mal bei diesen sieben.

Ich habe mir sechs meiner (!) Lieblingsgleichnisse herausgesucht, die ich näher beleuchten möchte. Manche sind sehr kurz, wie ein Radiohit. Andere lang, wie ein Oratorium mit allen Sätzen. Und ich gebe dir den Tipp: Lies sie gerne in deiner Bibel, bevor du meine Perspektive liest. Es ist immer besser, selbst in die Bibel zu schauen.

DIE KOSTBARE PERLE

»Mit dem Himmelreich ist es auch wie mit einem Kaufmann, der schöne Perlen suchte. Als er eine besonders wertvolle fand, verkaufte er alles, was er besaß, und kaufte dafür diese eine Perle« (Matthäus 13,45-46; NGÜ).

Du bist eine Perle. Oder wie man in Sachsen sagen würde: »Ne Bärrle ...« Aber weißt du was: Andere in deinem Umfeld sind auch Perlen. Sogar ich. Jeder von uns ist eine Perle. Oder vielleicht besser gesagt: Wir sind Teil einer Perle. Wir dürfen Bürger und Teilhaber am Reich Gottes sein. An den Reichtümern, die Gott schenkt. Wir sind seine Braut, seine Freunde, sein Reich – eben Gottes kostbare Perle.

Dieses kurze Gleichnis zeigt, wie wichtig wir Gott sind und wie wichtig es ihm ist, dass sein Reich gebaut wird. Es beantwortet die Frage nach Jesu Prioritäten.

Es gibt viele schöne, gute, wunderbare Dinge in unserem Leben und auf dieser Welt. Ein Sonnenuntergang, das Wachsen der Pflanzen in meinem Garten, klares Wasser in einem See oder die übergroßen Berge, vor deren Antlitz ich so klein wirke. Und Musik. Gibt es etwas, das herrlicher ist als gute Musik? Wenig, finde ich.

Natürlich ist Fußball ebenfalls etwas Wunderbares, wenn man sieht, mit welcher Eleganz Spieler wie Messi den Ball behandeln und grandiose Dinge damit anstellen. Oder Essen kann gut sein. »Es ist mir ein inneres Rumpsteak mit Kräuterbutter«, wie ich immer zu sagen pflege. Ein gutes Gespräch mit jemand anderem ist gut und tut gut. Vieles ist gut – du kannst sicher noch andere Dinge ergänzen, die du gut findest.

Aber: Es gibt eben auch das Kostbarste, das Wichtigste, das Stärkste – das Beste! Man kann viele gute Erfahrungen im Leben machen, vieles genießen und bestaunen. Man kann vieles lernen und wissen, viel Geld verdienen, alles Mögliche und Unmögliche haben – uns stehen ganz viele Türen offen. Das ist alles gut. Aber es gibt Dinge, die stehen über allen anderen. Diese Dinge sind so wichtig, dass man niemals – wirklich nie – ohne sie sein möchte.

In diesem Gleichnis wird deutlich, dass das Himmelreich in uns mächtig sein soll. Im Vaterunser beten wir: »Wie im Himmel so auf Erden.« Was das heißt, erfahren wir hier: Jesus geht es nicht nur um gute Dinge, sondern um das Beste, das Höchste, das Herrlichste.

Superlative mag ich nicht so sehr, und auch in der Bibel finden wir nicht viele davon. Dieses Gleichnis beschreibt aber einen Superlativ, ohne ihn ausdrücklich zu nennen: Der Kaufmann sammelt wertvolle Perlen. Und er hat auch schon einige sehr schöne Perlen gefunden, sonst besäße er gar nicht so viel, was er zu Geld machen könnte, um diese eine, besondere Perle zu erlangen.

Kaum hat er sie entdeckt, verkauft er alles, was er hat. Er muss offenbar gar nicht groß überlegen, ob es sich lohnt. Er macht keine Kostenaufstellung oder muss erst mal ein stilles Wochenende in einem Kloster verbringen, um herauszufinden, was dran ist. Nein – jetzt oder nie! Er muss zuschlagen, sonst kauft sie jemand anders.

Es wirkt auf mich so, als würde alles ganz schnell hintereinander passieren: Er entdeckt die Perle. Er verkauft alles, was er hat, und kauft diese Perle. Und ist happy.

Nun muss ich ehrlich sagen: Ich kann ganz schwer nachvollziehen, wie wertvoll so eine Perle ist beziehungsweise damals war. Aber diese Perle war dem Kaufmann jedenfalls so unendlich wichtig, dass er handelte. Er ergriff die Initiative, setzte etwas in Bewegung, blieb nicht passiv.

Ich glaube, das ist eines der wichtigsten Dinge, die wir von ihm lernen können: Wenn wir wissen, dass etwas richtig ist, weil wir mit einer himmlischen Klarheit gesegnet sind, dann sind wir aufgefordert zu handeln.

Oft macht man sich ja Gedanken: Ist das jetzt richtig oder falsch? Welche Konsequenzen könnte es haben, wenn ich mich so oder anders entscheide? Man will es schließlich richtig machen. Das ist auch okay so. Denn es gibt ja leider manche Situationen im Leben, wo man hinterher reuevoll denkt: Hätte ich nur vorher darüber nachgedacht!

Aber diese Geschichte fordert uns zum Handeln heraus. Der Kaufmann muss wie verknallt gewesen sein. Er war so hingerissen, dass er sofort reagierte.

Dieses Gleichnis zeigt uns die aufopfernde Liebe Gottes: seine Liebe zu uns, zu jedem Einzelnen – ganz gleich, ob wir an ihn glauben oder nicht. Denn Gottes Liebe ist nicht abhängig von unserer

Entscheidung. Was nicht heißt, dass wir uns nicht irgendwann für oder gegen ihn entscheiden müssten.

Aber das Geniale hier ist: Gott hat sich längst entschieden. Seine Wahl ist getroffen. Wir sind seine Perlen, liegen passiv auf dem Tisch eines Händlers auf irgendeinem Perlenmarkt herum, und Gott verkauft alles, was er hat, um uns zu bekommen.

Denn im übertragenen Sinn verkauft er seinen Sohn Jesus an eine Welt, die diesen Sohn ablehnt, verachtet, sich über ihn lustig macht und ihn nicht ernst nimmt.

Trotzdem ist Jesus erfüllt von dieser wunderbaren Liebe Gottes. Er ist diese Liebe in Person, und er liebt die Menschen in seinem Umfeld gesund, macht sie beziehungsfähig. Er ist gnädig mit den Menschen. Er heilt sie. Menschen werden seinetwegen fröhlich, jubelnd und leidenschaftlich. Und sie erleben durch ihn den Himmel auf Erden. Das Königreich Gottes ist schon da.

Allerdings nicht alle! Manche wollen ihn nicht und bringen ihn sogar ans Kreuz. Dort stirbt er, unschuldig. Gottes einziger Sohn als Zeichen Gottes einzigartiger Liebe für uns. Für seine Perle.

Wenn ich im Herzen und im Kopf begriffen habe, wie groß diese Liebe ist und wie sehr mich Gott damit meint, dann brauche ich mich gar nicht mehr zu entscheiden, sondern bin schon längst gewonnen für diesen wunderbaren Gott mit seinen herrlichen Reichtümern.

Doch machen wir uns nichts vor: Manchmal spüre ich davon nur wenig in meinem Leben. Ich mag diese Gottesliebe zwar schon oft erlebt haben, und ich wünsche mir so sehr, dass sie immer wieder in mir sichtbar wird.

Aber ich brauche manchmal eine Erinnerung daran. Besonders dann, wenn ich an meine Grenzen komme. Wenn es schwere

Entscheidungen zu fällen gibt. Wenn ich mich zu schwach fühle, weil zu viel zu tun ist. Wenn ein anderer nervt und ich mit Leuten meines Herzens nicht einer Meinung bin. Es kommt auch vor, dass ich einen schlechten Tag habe, wenn der FC Bayern verloren hat. Oder meine San Francisco 49ers. Dann habe ich eine Krise und fühle mich nicht wie ein Königskind, sondern bedürftig. Der Liebe Gottes bedürftig.

Durch dieses Gleichnis erfahre ich jedoch: Ich bin seine Perle. Oder ein Teil seiner Perle. Das geht dann runter wie Öl. Dann wirkt diese Liebe, die über allem steht. Sie gibt mir Kraft, Orientierung, Halt und Trost, wie ich es schon oft erlebt habe, und sie wird wieder neu in mir lebendig. In dir auch?

DAS SENFKORN

»Mit dem Himmelreich ist es wie mit einem Senfkorn, das ein Mann auf sein Feld sät. Es ist zwar das kleinste aller Samenkörner. Aber was daraus wächst, ist größer als alle anderen Gartenpflanzen. Ein Baum wird daraus, auf dem die Vögel sich niederlassen und in dessen Zweigen sie nisten« (Matthäus 13,31-32; NGÜ).

Mein Papa leitet die »älteste« Kirchenband Deutschlands. Das sagt er zumindest immer. Klar, Bands, die es seit den 1960er-Jahren gibt, sind selten. Und nein, mein Papa hat sie nicht gegründet. Er kam erst in den 1970er-Jahren dazu, und falls du dich das fragst: Natürlich habe ich selber dort auch meine ersten Gehversuche in der Musik gemacht. Genauso wie meine Geschwister oder diversen (Paten-)Onkels und (Paten-)Tanten. Bis heute ist es immer wieder schön, mal wieder mitzuspielen. Diese Band heißt *Senfkorn* und wir stell(t)en uns immer demütig dem Reich Gottes zur Verfügung. Wir hofften, mit der Musik ein Senfkorn zu pflanzen, das bei anderen Wachstum hervorbringt. Ich finde: Es gibt schlechtere Ziele! ;-)

Im Gleichnis vom Senfkorn geht es um die Frage: Wie wächst das Reich Gottes? Oder auch: Wie groß muss der Traum, das Ziel sein, das Gott mir aufs Herz gelegt hat, damit es sich verwirklichen lässt?

Senfkörner galten zur Zeit Jesu im Nahen Osten als etwas äußerst Kleines, Unscheinbares. Falls jemand in der damaligen Zeit das Gesetz ein bisschen dehnte, sagte man in etwa: »Er hat das Gesetz um ein Senfkorn übertreten.« Das wäre also so ähnlich, als würde man in einer 30-km/h-Zone nur *einen* Stundenkilometer zu schnell fahren. Man fährt zwar tatsächlich zu schnell, aber es fällt weniger ins Gewicht, als wenn man mit 50 km/h unterwegs wäre. So ungefähr.

Doch aus diesem unscheinbaren, winzigen Senfkorn entwickelt sich tatsächlich eine beachtliche Pflanze. Im *Lexikon zur Bibel* finden wir unter dem Stichwort »Senfkorn«: »Samenkorn des Schwarzen Senfs (…), einer einjährigen Pflanze mit holzigem Stamm, die sehr schnell aufschießt und eine Höhe von 2,5–3 m erreicht. Dieser ›Baum‹ ist ein beliebter Aufenthalt der Distel- und Goldfinken, die seine ölhaltigen Samenkörner besonders gern fressen.«[13]

Aus dem eigentlichen Samenkorn lässt sich noch nicht ableiten, dass daraus eine große Pflanze wachsen wird. Das erscheint fast undenkbar. Und mit diesem Senfkorn vergleicht Jesus nun das Himmelreich aka das Königreich Gottes. Was möchte er durch dieses Bild deutlich machen? Vielleicht Folgendes:

Das Senfkorn ist klein und demütig. Es ist nicht laut und krawallig, sondern bleibt gerne im Hintergrund. Ist es erst einmal eingepflanzt, nimmt man es zunächst nicht wahr. Aber dann wächst eine beeindruckende Pflanze, die man durchaus als Baum bezeichnen kann. Jeder von Jesu Zuhörern konnte das schon einmal beobachten.

Und so ist es auch mit dem Reich Gottes: Niemand sollte es unterschätzen. Niemand sollte es gering achten, auch wenn es zunächst klein und unbedeutend wirkt. Das zeigt sich auch in der Geschichte Israels, die ganz schwach und unscheinbar begonnen hat. Denk mal an Abraham zurück. Oder an das Volk in der Gefangenschaft in Ägypten. Oder an die Story von Jericho. Oder daran, wie Gideon mit wenigen Männern das Heer der Midianiter besiegt hat. Oder an die bekannten Geschichten »David gegen Goliath« und »Daniel in der Löwengrube«.

Gott erwählt ständig und immer wieder das Kleine. Ob es sich um Einzelne, Gemeinden oder Werke handelt – Gott benutzt das Schwache und zeigt dadurch seine Stärke. Er bringt Dinge zum Wachsen, von denen wir das niemals erwartet hätten. Und schließlich lässt sich das Ergebnis durchaus mit einem Baum vergleichen, der Früchte trägt und starke Äste hat. Wie krass, oder?

Ich habe schon manche Lebensberichte gehört, in denen es ähnlich zugegangen ist: Gott erwählt das Schwache, denjenigen, der scheinbar nichts kann. Jemand, der von seiner Sucht frei wird, sein Leben sortiert und neue Perspektiven gewinnt. Oder jemand, der durch den Glauben endlich Sinn und Erfüllung bekommt, und aus ihm heraus wächst eine Schönheit und Stärke, die Gott großmacht.

Auch bei verschiedenen Visionen, Ideen und Zielen ist es so, dass wir sie anfangs oft unterschätzen Ich kenne das von mir:

Man verbietet sich das teilweise zu träumen. Obwohl der Traum wunderschön und von Gott gesandt wirkt, entfaltet er nicht seine Größe und Schönheit, weil wir uns fragen: Wie soll denn das bitte schön möglich sein?

Ganz einfach: Pflanz deinen Traum in Gottes wunderbaren »Reich-Gottes-Garten«, und schau mal, ob und wie er wächst.

In unserer Gemeinde durften wir das schon oft erleben. Immer wieder dachten wir: Wie soll daraus etwas Schönes werden? Wie kann es geschehen, dass Gott sich dort verherrlicht? Wie sollen wir das bezahlen? Das ist unrealistisch! Und menschlich gesprochen ist das sicher richtig. Dazu will ich euch aber mal eine kleine Geschichte aus unserer Gemeinde erzählen:

Es gibt eine Familie bei uns, die es von jeher aufs Land gezogen hat. Sie lebten in Halle, studierten und arbeiteten zunächst hier und dort, aber ihnen war klar: Eines Tages ziehen wir aufs Land und bauen dort irgendwie Reich Gottes. Ein kleiner Same, der nicht nur etwas unklar erschien, sondern auch ein wenig kühn wirkte: Gemeinde beziehungsweise Reich Gottes bauen – irgendwo in Sachsen-Anhalt. Dort, wo die Wölfe wieder aufgetaucht sind. Dort, wo jeder abwandert und Dörfer und Städte immer kleiner werden. Dort, wo keiner mehr glaubt. Dort, wo es kaum möglich scheint, einen Unterschied zu machen. Ein kleines Senfkorn eben.

Aber diese Leute blieben dran. Sie kauften sich ein altes, stark renovierungsbedürftiges Haus. Es war allerdings nicht irgendein Haus, sondern ein altes Pfarrhaus. Und zu jedem Pfarrhaus gehört eine Kirche. In dem Fall eine Kirche, die seit den 1970er-Jahren nicht mehr in Benutzung war. Darin wurde über fünfzig Jahre kein Gottesdienst mehr gefeiert. Die Dorfbevölkerung hatte sich zu DDR-Zeiten einfach das Holz aus der Kirche geholt, um damit ihre Öfen zu befeuern. Das Dach hatte ein riesiges Loch, die Kirche war Wind und Wetter ausgesetzt. Bäume wuchsen aus ihr heraus. Und überall gab es Gestrüpp, in dem Tiere hausten. Scheinbar war es ein »gottverlassener« Ort, irgendwo in der ostdeutschen Diaspora. Aber: Das Senfkorn wurde gepflanzt und wuchs in Gottes Garten heran.

So fassten diese Leute Mut und sagten sich: Wie schön wäre es, wenn wir diese Kirche wieder mit Geist und Leben füllen könnten! Wenn wir daraus wieder ein Dorfzentrum machen könnten, in dem Gottesdienste, aber auch Familienfeste gefeiert werden könnten. Mit Übernachtung im Gebälk.

Sie machten sich ran: Jeden Samstag war Arbeitseinsatz. Und sie wurden in ihrem Projekt immer wieder bestätigt: Handwerker arbeiteten kostenlos in der Kirche mit, viele ehrenamtliche Helfer aus dem Dorf, der benachbarten Stadt Halle und Umgebung, aber auch internationale kamen hinzu – teilweise half sogar ein Bollywood-Regisseur, der auf einem Roadtrip durch Europa einfach mal etwas anderes machen wollte. Fachfirmen machten gute Angebote. Ein Kunstprojekt wurde gestartet. Ein Tischler baute die Kirchentür, auf der die Geschichte von Zachäus zu sehen ist. Es flossen EU-Fördermittel – und nicht zu knapp.

Nach sechs Jahren Dauereinsatz wurde wieder »Kirchweihfest« gefeiert. Gott war wieder da. Sein Königreich breitete sich dort aus. Nicht ohne Grund nannte der Denkmalschutz dieses Projekt einfach nur das »Wunder von Rieda«.

Jesus überträgt das Prinzip vom Senfkorn auf das Reich Gottes. Und die Ergebnisse lassen uns staunen.

DIE ARBEITER IM WEINBERG

Denn mit dem Himmelreich ist es wie mit einem Gutsbesitzer, der sich früh am Morgen aufmachte, um Arbeiter für seinen Weinberg einzustellen. Er fand etliche und
einigte sich mit ihnen auf den üblichen Tageslohn von
einem Denar. Dann schickte er sie in seinen Weinberg.
Gegen neun Uhr ging er wieder auf den Marktplatz und
sah dort noch andere untätig herumstehen. ›Geht auch
ihr in meinem Weinberg arbeiten!‹, sagte er zu ihnen. ›Ich
werde euch dafür geben, was recht ist.‹ Da gingen sie an
die Arbeit.
Um die Mittagszeit und dann noch einmal gegen drei Uhr
ging der Mann wieder hin und stellte Arbeiter ein. Als er
gegen fünf Uhr ein letztes Mal zum Marktplatz ging, fand
er immer noch einige, die dort herumstanden. ›Was steht
ihr hier den ganzen Tag untätig herum?‹, fragte er sie.
›Es hat uns eben niemand eingestellt‹, antworteten sie.
Da sagte er zu ihnen: ›Geht auch ihr noch in meinem
Weinberg arbeiten!‹
Am Abend sagte der Weinbergbesitzer zu seinem Verwal-
ter: ›Ruf die Arbeiter zusammen und zahl ihnen den Lohn
aus! Fang bei den Letzten an und hör bei den Ersten auf.‹
Die Männer, die erst gegen fünf Uhr angefangen hatten,
traten vor und erhielten jeder einen Denar. Als nun die
Ersten an der Reihe waren, dachten sie, sie würden mehr
bekommen; aber auch sie erhielten jeder einen Denar. Da
begehrten sie gegen den Gutsbesitzer auf. ›Diese hier‹, sagten sie, ›die zuletzt gekommen sind, haben nur eine Stunde

gearbeitet, und du gibst ihnen genauso viel wie uns. Dabei haben wir doch den ganzen Tag über schwer gearbeitet und die Hitze ertragen!‹

Da sagte der Gutsbesitzer zu einem von ihnen: ›Mein Freund, ich tue dir kein Unrecht. Hattest du dich mit mir nicht auf einen Denar geeinigt? Nimm dein Geld und geh! Ich will nun einmal dem Letzten hier genauso viel geben wie dir. Darf ich denn mit dem, was mir gehört, nicht tun, was ich will? Oder bist du neidisch, weil ich so gütig bin?‹ So wird es kommen, dass die Letzten die Ersten sind und die Ersten die Letzten.

Matthäus 20,1-16; NGÜ

Wann bist du das letzte Mal Bahn gefahren? Grundsätzlich fahre ich gerne Bahn: Es bedeutet für mich, ohne großen Aufwand von A nach B zu gelangen. Ich habe meistens meine Ruhe. Wenn ich einen Sitzplatz bekomme, kann ich lesen, schreiben, Musik hören. Ich komme erholt an und habe noch genug geistige Reserven für das, was vor mir liegt. Noch das ein oder andere Gespräch mit Mitfahrenden, und schon ist es eine gelungene Veranstaltung, finde ich. Eigentlich ist die Bahn wundervoll.

Eigentlich. Denn ich kenne auch das andere Bild: Volle Züge. Ausfälle. Chaos. Keiner erklärt einem, warum. Plötzlich befindet man sich im Tal der Ahnungslosen, anstatt endlich vorwärtszukommen. Kein Wunder, dass man sich aufregt und an seine Geduldsgrenzen stößt.

Eines Morgens erlebe ich also mal wieder diese Seite der »Bahn-Medaille«. Ich stehe am Gleis und zupfe innerlich ein Blütenblatt nach dem anderen ab: »Sie fährt, sie fährt nicht, sie fährt, sie fährt nicht …« Während ich so warte, merke ich, dass ich nichts tun kann. Ohnmächtig schaue ich wie gebannt auf mein Handy, blicke zur Anzeige und höre der Stimme aus den Lautsprecherboxen zu, ohne zu verstehen, was sie eigentlich sagt.

Wenn sich meine Wut dann schließlich gelegt hat und der Kaffee to go getrunken ist, komme ich zur Ruhe und »genieße« fast schon diese Ohnmacht. Ich kann nichts an der Situation ändern, aber vielleicht ändert die Situation ja etwas an mir?

Nicht selten denke ich dann über wirklich wichtige Fragen des Lebens nach, zum Beispiel darüber, ob ich noch zu essen im Kühlschrank habe oder was ich meiner Mama zum Muttertag schenken könnte. Okay, diese Fragen sind vielleicht nicht ganz so wichtig, sondern ergeben sich einfach von selbst. Ich organisiere den unmittelbar vor mir liegenden Alltag. Aber das geht auch schnell vorüber. Wenn der Zug dann immer noch nicht da ist, wird es essenzieller. Ich überlege mir beispielsweise, wie es wohl wäre, Lokführer zu sein.

Ich denke mir so: Das ist ein relativ einfacher Job, aber mit viel Verantwortung. Mache ich einen Fehler, sterben vielleicht Menschen. Komme ich zu spät, kommen andere zu spät zur Arbeit, zu einem wichtigen Termin oder – so wie ich – einfach nur zu spät nach Hause. Und die Passagiere bedanken sich wahrscheinlich nur selten bei mir.

Beim Piloten wird mitunter applaudiert, wenn er das Flugzeug heil nach unten bringt. Im Bus wird schon mal »Ein Hoch auf unsern Busfahrer« angestimmt. Bei der Bahn habe ich das ehrlich gesagt noch nie erlebt. Und die Bezahlung ist bestimmt nur mittelmäßig. Gut, im Bahnvorstand, wo jedes einzelne Mitglied ungefähr so viel verdient wie ein guter Fußballer, ist das etwas anderes. Aber der »normale« Lokführer, der Menschen wie dich und mich durch die Gegend kutschiert? Der verdient im Vergleich dazu einen Hungerlohn.

Der Zug kommt. Der Gedanke lässt mich aber nicht los. So sitze ich also später auf einem viel zu kalten Metallsitz irgendwo im Nirgendwo Deutschlands und komme gedanklich bei einer Geschichte raus, die Jesus mal erzählt hat. Sie beantwortet die Frage, ob im Reich Gottes eigentlich Leistung zählt oder was jeder Einzelne beizutragen hat, damit »der Laden läuft«.

Der Chef eines Weinbergs stand vor der Ernte. Und er wusste: Heute oder nie. Morgen ist es zu spät. In der Landwirtschaft gibt es ja solche Tage. Da muss man binnen eines Tages alles ernten, was noch an den Weinstöcken hängt. Also versuchte dieser Mann, sein Personal aufzustocken, und fragte bei einer Art Leiharbeits-firma an, ob er sich nicht ein paar Leute borgen könnte, die ihm helfen. Nur war die Firma ein bestimmter Platz des Dorfes, und dort sammelten sich alle, die für einen Tag arbeiten wollten.

In der Zeit, wo die Geschichte spielt, war es üblich, für einen Tag in einem Betrieb mitzuarbeiten, um genug zu verdienen, dass man am nächsten Tag etwas zu essen hatte. So war das damals – Tagelöhner heißt das Wort dafür. Und der Weinbergs-Chef ging dorthin und holte sich früh um sechs einige Arbeiter und wies sie in ihre Aufgaben ein.

Doch er merkte relativ schnell: »Puh, Freunde der Sonne, das wird kaum reichen.« Also ging er wieder los und holte noch mehr Arbeiter. Das war gegen neun. Und als diese sich ans Werk mach-ten, wurde ihm klar, dass er noch mehr Leute brauchte. Deshalb marschierte er um zwölf noch mal los. Und dann um fünfzehn Uhr noch mal. Und um siebzehn Uhr schließlich ein letztes Mal.

Um achtzehn Uhr war Feierabend. Die Arbeit war getan und jeder sollte seinen Lohn bekommen. Bestimmt war allen bewusst, dass es ein gewisses Gefälle in der Arbeitszeit gegeben hatte, und sie rechneten damit, dass die, die satte zwölf Stunden gearbeitet hatten, auch entsprechend mehr verdienen würden. Wäre doch nur fair.

Der Chef ließ zuerst die »Siebzehn-Uhr-Leute« aufrufen, um ihnen einen vollen Tageslohn zu bezahlen. Dann ging es der Reihe nach weiter, bis er schließlich bei den Sechs-Uhr-Leuten war. Die hatten zwölf Stunden lang gerackert. Und als sie ihren Lohn bekamen, fiel den Arbeitern auf: Alle hatten genau gleich viel. Es wurde nicht pro Stunde gezahlt, sondern insgesamt: Jeder bekam einen Denar. Das war also eher eine Teilnehmergebühr als ein Lohn.

Klar, dass die Leute anfingen, sich aufzuregen: Das kann doch nicht wahr sein, was soll das denn, jeder sollte doch das gleiche Geld für die gleiche Arbeit bekommen! Diese Diskussionen kennen wir ja heute auch ganz gut.

Aber der Chef des Weinbergs handelte nicht nach dem Motto: Lohn gegen Leistung, so wie wir das kennen. Es ging ihm im Grunde nicht um Leistung, sondern um das, was jeder zum Leben braucht. Das ist ein entscheidender Unterschied. Er wusste: Die brauchen eigentlich alle genau gleich viel zum Leben, egal, wie lange sie arbeiten und wie viel sie leisten können. Die brauchen Belohnung und nicht Ent-lohnung. Und zwar alle im selben Umfang. Deswegen bekommt auch jeder gleich viel.

Finden wir unfair, nicht wahr? Das Fairtrade-Logo würden diese Weintrauben jedenfalls nicht bekommen. So viel steht fest. Denn wir selbst nehmen ganz oft diese Perspektive ein: Wir sehen die Zwölf-Stunden-Arbeiter und denken, dass mit ihnen ein falsches Spiel getrieben wurde. Die anderen allerdings, die, die um siebzehn Uhr gerufen wurden, die haben Schwein gehabt. Unverhofftes Schwein. Und wir sind neidisch auf sie, weil wir gerne auch viel Geld für wenig Aufwand hätten.

Ich weiß nicht, wie du so durch Schule, Ausbildung oder Studium gekommen bist, aber ich persönlich bin der typische Siebzehn-Uhr-Arbeiter. Jemand, der so lange ein Motivationsproblem hat, bis er ein Zeitproblem hat. Ich war einfach dankbar, wenn ich irgendwie durchgekommen bin. Und manchmal hat es geklappt und manchmal nicht. Irgendwie konnte ich mich aber meistens durchwurschteln und habe am Ende ein Abitur und ein Diplom bekommen. Ein unverschämtes Glück, könnte man meinen.

Mein Onkel sagt immer: »Im Himmel gibt's keine Gerechtigkeit, sondern Barmherzigkeit!« Ich liebe diesen Satz, denn, wie ich vorher schon erwähnt habe, hätte ich selbst keine Chance, wenn es im Himmel gerecht zugehen würde. Ich weiß, dass ich nur aus Gottes Gutmütigkeit heraus dieses unverschämte Glück empfangen kann. Es ist eine Be-lohnung, nicht Ent-lohnung.

Ich kann dir sagen, dieses Gefühl, eine Examensprüfung bestanden zu haben, ist Bombe. Ein Siebzehn-Uhr-Arbeiter zu sein, der bei weniger Arbeit trotzdem mit vollem Lohn über die Runden kommt, das muss herrlich gewesen sein. Die Frage ist also: Warum finden wir das eigentlich unfair?

Ganz einfach. Weil in uns ein absolutes Leistungsdenken ist: Wenn ich etwas leiste, dann kann ich auch etwas haben. Es geht nicht darum, wer ich bin, sondern was ich tue.

Jesus hebelt diese Logik in diesem Gleichnis komplett auf und stellt sie auf den Kopf.

Samuel Koch hat darauf hingewiesen, dass es nicht umsonst *human being* und nicht *human doing* heißt. Es geht bei Gott nicht darum, was ich zu leisten imstande bin, sondern darum, wer ich bin. Und in Jesu Augen haben wir alle das Gleiche verdient: eine Lebensgrundlage. Ausdruck dafür ist der Denar.

Damit stellt sich Jesus nicht auf die Seite einer bestimmten Gruppe, sondern macht aus allen Seiten *eine* Gruppe. Er liebt alle gleich. Alle sind jemand. Niemand kann Gott durch Leistung beeindrucken. Das widerspricht unserer Gesellschaft, die so vom Leistungsdenken geprägt ist.

Doch diese Form der Gleichstellung ist ein Prinzip im Königreich Gottes. Jesus sagt: »So wird es kommen, dass die Letzten die Ersten sind und die Ersten die Letzten« (Matthäus 20,16; NGÜ).

Mich fordert das heraus. Und ich würde mir wünschen, dass wir unsere Mitmenschen so behandeln, wie wir selbst behandelt werden wollen: mit Anerkennung. Barmherzig. Gnädig mit uns selbst und deswegen auch mit anderen.

»Nächster Halt: Halle Hauptbahnhof. Ausstieg in Fahrtrichtung links!«

Während ich das höre, wird mir klar, dass ich barmherziger mit den Lokführern umgehen sollte. Denn ich weiß nur zu gut: Ich bin selbst chronisch auf Barmherzigkeit angewiesen, weil ich viel zu oft der Siebzehn-Uhr-Arbeiter bin. Barmherzigkeit, was für ein komisches Wort. »Unverdientes Glück« trifft den sprichwörtlichen Nagel auf den Kopf. Im christlichen Sprachgebrauch sagt man dazu auch: Gnade.

Und immer dann, wenn ich so was fühle, bin ich dankbar. Dankbar für jede neue Chance. Dafür, dass Gott scheinbar nicht wirklich gerecht, aber barmherzig und gnädig ist. Dass er eine Art von Gerechtigkeit lebt, die wir anhand der Bergpredigt sehen konnten: Er stellt die Welt auf den Kopf.

Das Königreich Gottes ist ein Gnadenreich. Hier herrscht das Prinzip Gnade. Und darin will ich wachsen, jeden Tag.

So kann ich auch dankbar sein, dass die Bahn dann doch noch fährt. So wie meistens. Und ich frage mich: Wann habe ich mich eigentlich das letzte Mal bei einem Lokführer dafür bedankt, dass er mich von A nach B bringt? Und wie oft habe ich Gott schon gedankt, dass ich immer so einen Dusel habe, obwohl ich ein Siebzehn-Uhr-Typ bin? Anstatt neidisch auf andere zu sein, als wäre ich selbst schon zwölf Stunden am Arbeiten?

Wie geht's dir denn so damit? Bist du ein Sechs-Uhr-Mensch oder erscheinst du häufig erst kurz vor Torschluss? Bist du jemand, der sich seinen Status erarbeitet, oder jemand, der Gnade dringend nötig hat? Hast du schon mal Gnade erlebt und warst so richtig dankbar dafür?

Ich sage »Danke!« zu Gott. Danke für deine Gnade, denn ich habe sie überhaupt nicht verdient, und trotzdem schenkst du sie mir. Danke, dass es bei dir nicht auf Leistung ankommt.

Und auch Danke an jeden Lokführer, der das liest. Danke, dass es euch gibt und ihr uns immer wieder von A nach B bringt. Das gilt auch für andere fremdgesteuerte Fortbewegungsmittel, die von mir benutzt werden. Ich applaudiere ab jetzt immer für euch. Mindestens gedanklich! :-) Vielen Dank!

DER BITTENDE FREUND

Weiter sagte Jesus zu seinen Jüngern: ›Angenommen, einer von euch hat einen Freund. Mitten in der Nacht sucht er ihn auf und sagt zu ihm: Bitte leih mir doch drei Brote! Ein Freund von mir hat auf der Reise bei mir haltgemacht, und ich habe nichts, was ich ihm anbieten könnte. Und angenommen, der, den er um Brot bittet, ruft dann von drinnen: Lass mich in Ruhe! Die Tür ist schon abgeschlossen, und meine Kinder und ich sind längst im Bett. Ich kann jetzt nicht aufstehen und dir etwas geben. Ich sage euch: Er wird es schließlich doch tun – wenn nicht deshalb, weil der andere mit ihm befreundet ist, dann doch bestimmt, weil er ihm keine Ruhe lässt. Er wird aufstehen und ihm alles geben, was er braucht. Darum sage ich euch: Bittet, und es wird euch gegeben; sucht, und ihr werdet finden; klopft an, und es wird euch geöffnet. Denn jeder, der bittet, empfängt; und wer sucht, findet; und wer anklopft, dem wird geöffnet.

Lukas 11,5-10; NGÜ

Du hast Stress. Kennst du das? Auf der Arbeit hast du über die Maßen viel zu tun. Schon heute Morgen bist du mit leichten Kopfschmerzen aufgewacht. Du hast insgesamt zu wenig Kaffee oder Schlaf gehabt. Oder beides. Gegessen hast du hauptsächlich schnell und ungesund. Gleich bekommst du Besuch und du musst noch aufräumen. Du bist genervt und versuchst nur, irgendwie zu überleben und ein Problem nach dem anderen zu lösen.

Und ausgerechnet jetzt kommt dein Kind, deine Frau oder dein Mann, ein guter Freund oder Verwandter – jemand, der dir wichtig ist. Und diese Person braucht dringend deine Hilfe. Was machst du?

Gemäß deiner prinzipiellen Herzenshierarchie würdest du dich selbstverständlich um die Menschen kümmern, die dir besonders wichtig sind. Du würdest in einer »normalen« Situation sofort deutlich machen, dass dir deine Kinder das Wichtigste sind. Dass du mit der Liebe deines Lebens zusammen bist. Es sind Freunde fürs Leben. Die Familie ist dir wichtiger als dein Job … und so weiter. Unter »normalen« Umständen fällt es uns relativ leicht, das zu sagen.

Aber wie ist es, wenn es hart auf hart kommt? Ist dann der Stress – das, was dringend ist – eben doch wichtiger als alles andere?

In diesem Gleichnis geht es ebenfalls um einen Zwiespalt, einen inneren Konflikt. Wenn ich nachts gestört werde, dann kann ich schon mal pampig reagieren. Und in der Geschichte, die Jesus erzählt, ist der Vater mit seinen Kindern »längst im Bett«. Nur gab es damals keine Betten. Sie lagen wahrscheinlich schön nebeneinander aufgereiht auf am Boden liegenden Decken und schliefen.

Da klopft es plötzlich an der Tür und jemand braucht Hilfe. Durch das Klopfen werden vermutlich alle Kinder wach. Ein nerviges Geräusch. Wie eine Mücke in einer Sommernacht oder ein Dröhnen während der Einschlafphase. Du willst, dass es aufhört. Und dann klopft der Typ an der Tür nicht nur, sondern schreit sein Anliegen auch noch laut heraus: »Ich brauche schnell drei Brote, damit ich meinem Gast etwas zu essen geben kann.«

Du denkst dir: »Nein, nicht deswegen. Nicht wirklich. Das hast du jetzt nicht gemacht. Ist das dein Ernst?! Du magst vielleicht mein guter Freund sein, und ich hab dich echt gern, aber ohne Scherz: Ich schlafe! Und du klopfst und rufst, damit du deine Gäste besser versorgen kannst? Kannst du dir nicht im Voraus einen Vorrat anlegen?«

So etwas Ähnliches hat der Vater womöglich gedacht und im Stillen mit sich selbst diskutiert. Aber es hilft nichts, denn sein Freund hämmert einfach weiter gegen die Tür. Und so fragt er sich: Was ist die Lösung, die am wenigsten Lärm macht, und wie schaffe ich es, dass die Kinder weiterschlafen?

Dieses innere Gespräch kann ich gut nachvollziehen. Und auch wenn die beiden Situationen, die ich eben geschildert habe, auf den ersten Blick sehr unterschiedlich zu sein scheinen, geht es darin um eine ähnliche Frage: Kümmern wir uns um unsere Herzensmenschen? In der Stresssituation muss ich also überlegen: Können meine Aufgaben ruhen, damit ich mich um die Menschen kümmern kann, die mir wirklich wichtig sind? Oder geht das nicht? Oder anders gesagt: Wann ziehe ich Grenzen? Und was leitet mich?

Der Vater im Gleichnis wird von Jesus mit Gott verglichen. Gott ist so: Er hört zu. Und dann kümmert er sich. Dieses Gleichnis spricht also zum einen von Gottes Güte, und zum anderen beantwortet es die Frage, ob es sich lohnt, auch mal etwas dreister für seine Sache (oder natürlich das Reich Gottes) zu kämpfen.

Es ist ja schon sehr forsch, wie der Freund um etwas bittet. Und auch etwas unverschämt. Was sollen denn die Leute denken?

Ich selbst halte mich oft zurück und formuliere manches Anliegen aus Nettigkeit heraus erst gar nicht. Du kennst das vielleicht auch. Es gibt Dinge, die einem äußerst unangenehm sind. Leute so unverhohlen um einen Gefallen zu bitten, gehört bei mir dazu. Manchmal traue ich mich das nicht.

Das könnte auch ein Grund sein, warum mir Anrufe bei Behörden oder Banken nicht leichtfallen. Oder wenn ich Menschen ganz bewusst stören muss. Da male ich mir immer schon aus, wie sie die Augen verdrehen, wenn ich sie um so etwas wie drei Brote bitte. Und ihre verborgene Botschaft lautet: Kümmere dich das nächste Mal selber darum!

Nun sind drei Brote damals sicherlich viel wichtiger gewesen als heute. Warum? Ganz einfach: Gastfreundschaft ist einer der größten kulturellen Werte im Nahen Osten. Bis heute. Und doch bleibt die Situation irgendwie unangenehm. Was hat das nun mit dem Reich Gottes zu tun?

Zwei Dinge möchte ich herausstellen. Das eine ist diese krasse Beharrlichkeit, mit der der Freund im Gleichnis dranbleibt. Ihm ist schon klar, dass er so einen Radau machen muss, damit der Mann wach wird und ihm gibt, was er erbittet. Aber er bleibt dran. Und er hat Erfolg.

Direkt im Anschluss an dieses Gleichnis finden wir eine sehr bekannte Bibelstelle: »Bittet, so wird euch gegeben; suchet, so werdet ihr finden; klopfet an, so wird euch aufgetan. Denn wer da bittet, der empfängt; und wer da sucht, der findet; und wer da anklopft, dem wird aufgetan« (Lukas 11,9-10; LUT).

Jesus sagt damit: Wenn du nicht nachfragst, dann kannst du auch nichts bekommen. Unsere Manieren, unsere gesellschaftlichen Normen können uns manchmal im Weg stehen. Sie können uns daran hindern, das zu bekommen, was unser Wunsch ist. Das gilt ebenfalls, wenn es unser Wunsch ist, Reich Gottes zu bauen und zu ermöglichen.

Neben der Ermutigung zur Beharrlichkeit habe ich auch noch eine weitere Sache gelernt, nämlich: Sag niemals stellvertretend »Nein«!

Wie meine ich das? Ganz einfach: Ich glaube, gerade in der Gemeindearbeit, aber auch sonst, trauen wir uns oft nicht, unsere Wunschlösung anzufragen. Wir trauen uns nicht, weil Person A zu viel arbeitet, zu sehr eingebunden ist oder außerhalb unserer Reichweite zu sein scheint.

Aber ich habe gelernt: Wenn ich den Mut habe zu fragen, geht viel mehr, als ich denke. Ob das ein toller Prediger ist, den ich einladen durfte, oder der geeignete Mitarbeiter, den ich für eine bestimmte Aufgabe gefunden habe – all das wurde möglich, weil ich einfach gefragt habe.

Ich setze voraus, dass andere Nein sagen können (wenn ich merke, dass sie das nicht können, ergibt sich eine andere Situation). Und die Rückmeldungen waren oft positiv. Selbst wenn es ein Nein war, kam beispielsweise: »Sehr cool, dass ihr *mich* dafür anfragt. Ich kann aus den und den Gründen zwar nicht, finde die Sache aber richtig toll und bete dafür.«

Es gibt ein Gebetstreffen, in dem wir immer wieder für bestimmte Gesellschaftsbereiche beten. Und wir haben gemerkt, dass viele Menschen unserer Stadt, die wir eigentlich gar nicht auf dem Schirm hatten, gerne daran teilnehmen. Durch diese Aktion haben wir beispielsweise herausgefunden, dass ein hoher Verantwortungsträger unserer Universität in Halle Christ ist. Und haben ihn in unsere Runde eingeladen und mit ihm gebetet.

Genauso ging es uns mit einem Intendanten: Selbst vielleicht nicht so tief im Glauben verwurzelt, war er dankbar für den Austausch. Oder wenn ein Arzt aus unserer Gemeinde plötzlich seinen Chefarzt beim Gebet für Medizin und Gesundheit trifft – da kommt man ins Staunen.

Was ich damit sagen möchte: Uns stehen viel mehr Türen offen, als wir denken. Sag nicht stellvertretend Nein. Lass das diejenigen machen, die es betrifft.

Und sei mutig. Jesus meint mit diesem Gleichnis, dass wir so beten sollen: mutig. In der Erwartung, dass etwas passiert. Sag nicht für Gott stellvertretend Nein, denn ihm ist alles möglich.

Ich kenne viele Paare, die ein Haus oder eine Wohnung kaufen möchten. Und häufig begegnet mir die Einstellung, dass Gott damit nichts zu tun hat, weswegen sie gar nicht erst dafür beten, dass er sie auf diese Weise segnet. Sie finden kein Haus, keine Wohnung oder es wird viel zu teuer, und am Ende sind sie enttäuscht.

Achtung: Nur weil du betest, heißt das natürlich nicht, dass alles genau so eintreffen wird, wie du es dir wünschst. Du kannst täglich Großes von Gott erwarten, aber das Haus, die Wohnung oder was du sonst auf dem Herzen hast, kommt nicht. Das schließt sich nicht aus. Die Frage, die dahintersteckt, betrifft vielmehr unsere Haltung: Glauben wir, dass Gott uns so beschenken kann? Oder denken wir, er schläft und ihm ist es egal?

Ich finde es so bitter, dass unsere Beziehung zu Gott häufig von einer negativen Erwartung geprägt ist. Es ist eine blöde Form von Sünde, weil wir uns bewusst oder unbewusst mit unserem Anliegen von Gott trennen. Deshalb sollten wir uns ganz neu für ihn entscheiden. Uns hilft es, wenn wir in einer guten Beziehung mit ihm leben, damit er sich in unserem eigenen und im Leben anderer Menschen verherrlicht.

Die Frage ist also: Haben wir diese Dreistigkeit zu schreien? Auch wenn es Nacht ist? Sind wir so leidenschaftlich? Brauchen wir Jesus, sonst schaffen wir es nicht?

Jesus sagt dazu: So sollt ihr beten! Seid in der Erwartung, dass Gott, der Vater, aufstehen und euch eure drei Brote geben wird.

Deswegen finde ich Fürbitte und Dankgebet unfassbar gut und wichtig. Auch Klage sollte in unserem Gebetsleben einen Platz und eine Form haben. Und Loben und Ehren. All das ist richtig gut.

Also noch mal: Erwarten wir wirklich Großes von Gott? Ist er unser Halt? Oder singen und beten wir das nur vor uns hin? Rechnen wir nicht nur damit, dass er im Rahmen bleibt, sondern sich verherrlicht?

Ich finde es genial, dass Jesus uns auffordert: Sei dreist. Sag nicht stellvertretend Nein für andere. Und vor allem: Erwarte Großes von Gott.

NEUE FLICKEN AUF ALTEM KLEID

»Niemand flickt ein altes Kleid mit einem neuen Stück Stoff, sonst reißt das neue Stück wieder aus, und der Riss wird noch größer« (Matthäus 9,16; NGÜ).

Wenn es etwas gibt, das ich wirklich nicht gerne mache, dann ist es Hosen kaufen! Das liegt zum einen an meiner etwas unförmigen, stämmigen Statur. Damit bin ich in vielen Läden schon mal raus. Es gibt vielleicht eine Handvoll Geschäfte, bei denen ich wirklich fündig werde. Und zum anderen muss ja auch die Qualität stimmen: Wie viele Hosen bei mir schon gerissen sind oder sich viel zu früh abgenutzt haben, weiß ich nicht mehr. Es sind jedenfalls zu viele.

Nun könnte man meinen, dass man ja die kaputten Hosen einfach nähen oder sonst wie reparieren kann. Nicht, dass ich es nie versucht habe, aber auch da ist meine Erfahrung, dass das Tragen dadurch maximal um eine oder zwei Nutzungen erweitert werden kann. Und schon ist das Problem wieder da. Was dann hilft? Etwas Neues.

Mit neuen Dingen haben viele ihre Sorgen: neue Technik, neue Straßen, neue Gemeinde. Ja, richtig gehört. Ich kenne die Diskussion vor allem aus meinem landeskirchlichen Hintergrund. Warum soll man denn eine neue Kirchengemeinde gründen, wenn es ohnehin schon so viele gibt? Und die bestehenden sind ja auch nicht wirklich gut besucht – warum dann etwas Neues?

Diese Frage stellt auch Jesus, also: Braucht es neue Dinge, um das Reich Gottes zu bauen, oder sollten wir auf Altbewährtes vertrauen?

Eine absolut berechtige Frage. Aus freikirchlicher Sicht ist sie jedoch einfach zu beantworten: Solange es noch genug Menschen gibt, die wir als Gemeinden *nicht* mit dem Evangelium erreichen, brauchen wir neue Gemeinden. Neue Gemeinden ziehen andere Menschen an, wenn sie nicht einfach nach dem Prinzip Copy-and-Paste nebeneinandergebaut werden. Andere Sprache, andere Musik, anderer Ort spricht auch andere Menschen an, und solange das der Fall ist, sollte es immer mal wieder neue Gemeinden geben. Oder eben neue Gemeindestandorte.

Schaue ich allerdings auf viele Gemeinden, unsere eingeschlossen, handeln wir eigentlich genau so wie in dem Beispiel: Wir haben unsere alte Gemeinde und packen neue Flicken drauf. Gut, unsere Gemeinde ist vom Alter her ein Fliegenschiss im Vergleich zu den großen, etablierten Kirchen. Aber trotzdem finde ich es herausfordernd, sich diese Frage zu stellen: Braucht es nicht mal neue Gemeinden? Oder neue Formen?

Manche reagieren sofort allergisch dagegen, auch nur in diese Richtung zu denken. Fragt man dann nach, kommen oft Eitelkeiten und Undankbarkeit zutage, was jeweils nicht dafür sorgt, weiter nach vorne zu kommen, sondern eher zum Wundenlecken einlädt. Mancher Frust und manche Enttäuschung werden deutlich. Meistens bei denen, die schon viel versucht haben, aber gescheitert sind. Für Gemeindeleiter jeglicher Art sind diese Menschen besonders wichtig zu gewinnen. Hat man sie, wird man schnell Rückenwind spüren. Verliert man sie, entsteht meistens nur noch mehr Frust.

Wie dem auch sei – die Frage bleibt: Wie gehen wir mit neuen Dingen um? Wollen wir Altes verschlimmbessern, oder sind wir wirklich offen und lassen neuen (Gemeinde-)Formen den Vorrang?

Mit Blick auf die letzten fünfzig Jahre: Was haben die Gemeinden da vor allem gemacht? Viele, so mein Eindruck, haben sich auf sich selbst konzentriert. Sie wollten schöner, größer und heiliger werden. Aber das Ergebnis ist meiner Meinung nach ernüchternd.

Und logisch, in der Atheismus-Hochburg Halle ist das anders als im frommen Stuttgart oder im sächsischen *Bible belt*. Schöne Grüße!

Trotzdem bleibt genau diese Herausforderung. Und ja, ich bin so kühn und herausfordernd und behaupte: Wenn wir als Gemeinden unsere Königreich-Gottes-Brille aufsetzen, wenn wir endlich anfangen, Trends zu kreieren, anstatt ihnen hinterherzuhecheln, wenn wir beginnen, wieder kulturrelevant zu werden, wie wir es 1 700 Jahre zuvor immer waren, dann werden wir auch wieder Wachstum erleben.

Was braucht es dazu? Das wäre, ehrlich gesagt, ein eigenes Buch. Aber ich hätte zumindest *einen* praktischen Vorschlag:

Ich kenne viele kleine Gemeinden, die ihre beste Zeit hinter sich haben. Die waren mal jung, hip und kulturrelevant. Und sind mit dieser Kultur alt geworden und mittlerweile weit weg vom Puls der Zeit. Die Gottesdienste sind gut, tief und berührend für diejenigen, die noch kommen. Es gibt eine enge Gemeinschaft, aber keiner kam in den letzten Jahren mehr dazu. Um jeden Gottesdienstbesucher wird inbrünstig gekämpft, wenn er oder sie sonntags zu einer jungen, aufstrebenden Gemeinde gehen will. Das, was man hat, ist vielleicht ein Haus, ein gefülltes Konto und Gebetskapazitäten. Und ein reicher Erfahrungsschatz.

Wie wäre es, wenn sich so eine Gemeinde mal sagt: »Wir feiern noch einmal ein großes Segensfest, laden alle Ehemaligen ein, die wir noch kennen und die noch leben. Wir loben und feiern Gott für all das Gute, das er über die letzten Jahre getan hat, schwelgen in Erinnerung und *schließen* unsere Gemeinde mit einem tiefen Gefühl der Dankbarkeit. Und wir suchen uns einen hippen jungen Gemeindegründer von einer Bibelschule oder jemand, der vom Studium kommt, und geben ihm das weiter, was wir selbst als Segen von Gott empfangen haben. Und dann fördern wir das Projekt aus der Ferne. Wir begleiten, beten, kommen vielleicht auch mal zum Gottesdienst, aber ansonsten bilden wir mit den übrig Gebliebenen einen Hauskreis, der sich in der neuen Gemeinde einordnet.«

Ganz ehrlich: Die erste Gemeinde, die diese Größe hätte, würde sehr schnell einen aufstrebenden jungen Pastor finden. Das glaube ich. Der wird dann vielleicht nicht der achtundzwanzigste Standort-Pastor einer großen Franchise-Gemeinde. Das kann er allerdings auch in zehn Jahren noch machen, wenn die Gottesdienste wieder gut gefüllt sind und die Gemeinde sich erneuert hat.

Aber Segen würde sich breitmachen! Diese Gemeinde würde viel mehr gewinnen als verlieren. Sie würde Neues in Angriff nehmen. Es wäre die Frischzellenkur, die Jesus in dem Gleichnis beschreibt.

Das alles ist übrigens problemlos auf jedes Unternehmen übertragbar. Oder auf einen Arbeitskreis. Oder auf andere gewachsene Strukturen, bei denen die Kurve eher nach unten als nach oben verläuft.

Die Frage, um die es eigentlich geht, lautet: Entwickeln wir eine Kultur, die Segen weiterreicht oder alles nur für sich möchte? Sind wir offen für Neues und wagen etwas, auch wenn wir selbst nicht mehr die Früchte davon ernten können?

Die Botschaft des Königreiches Gottes, die Jesus den Menschen weitergab, war für viele brandneu. Viele waren skeptisch. Aber die Früchte waren wundervoll.

Jeder, der Dinge neu machen möchte, besonders an alten institutionellen Stellen, erlebt oft Gegenwind. Manchmal zu Recht, manchmal aber auch nicht. Es gibt neue Sachen und Wege, die man als Kirche fröhlich ignorieren darf. Aber es gibt eben auch wundervolle, Kraft und Segen spendende Möglichkeiten, die Welt immer mehr dahin zu prägen, dass das Königreich Gottes schon heute sichtbar wird.

Ich lade dich ein, danach zu suchen. Und nicht an bisherigen Vorstellungen von Gemeinde festzuhängen.

DER REICHE KORNBAUER

Jesus erzählte den Leuten dazu ein Gleichnis: Die Felder eines reichen Mannes hatten einen guten Ertrag gebracht. Der Mann überlegte hin und her: ›Was soll ich tun? Ich weiß ja gar nicht, wohin mit meiner Ernte.‹ Schließlich sagte er: ›Ich weiß, was ich mache! Ich reiße meine Scheunen ab und baue größere. Dort kann ich mein ganzes Getreide und alle meine Vorräte unterbringen. Und dann werde ich zu mir selbst sagen: Du hast es geschafft! Du hast einen großen Vorrat, der für viele Jahre reicht. Gönne dir jetzt Ruhe, iss und trink und genieße das Leben!‹ Da sagte Gott zu ihm: ›Du törichter Mensch! Noch in dieser Nacht wird dein Leben von dir zurückgefordert werden. Wem wird dann das gehören, was du dir angehäuft hast?‹ Jesus schloss, indem er sagte: So geht es dem, der nur auf seinen Gewinn aus ist und der nicht reich ist in Gott.
Lukas 12,16-21; NGÜ

Ich mag Sport. Das wirst du mittlerweile ja mitbekommen haben. Und eine Sache, die mich immer wieder traurig macht, ist, wenn ein Großer oder eine Große des Sports aufhört. Ich könnte jetzt verschiedene Beispiele nennen, die mich wirklich bewegt haben. Dirk Nowitzki, Philipp Lahm, Jupp Heynckes … Man könnte viele aufzählen. Im Interview danach hört man nicht selten folgenden Satz: »Man soll aufhören, wenn es am schönsten ist.«

Und meine Frage ist ganz schlicht: Stimmt das immer? Ist es wirklich am sinnvollsten, aufzuhören, wenn es am schönsten ist?

Wer bestimmt denn dieses »Schönste«, und gibt es ein irdisches »schönstes« Ziel im Reich Gottes?

In der Bibel finden wir eine Geschichte, die sich mit dieser Frage auseinandersetzt. Darin geht es auch um vorzeitigen Ruhestand. Und um eine falsche Zufriedenheit.

Jesus ist mit seinen Jüngern mal wieder im galiläischen Ländle unterwegs, und sie führen viele Diskussionen rund um geistliche und religiöse Themen. Wir sind dieses Mal im Lukasevangelium, Kapitel 12, und das ganze Kapitel ist eigentlich eine einzige Frage-und-Antwort-Stunde Jesu, in der er ziemlich viel erklärt und auf wichtige Sachen hinweist.

Mitten in so ein Gespräch hinein erzählt Jesus ein Gleichnis, das es ganz schön in sich hat. Bevor die Geschichte losgeht, haut er jedoch erst mal so eine Überschrift raus, die ein verbales Warnschild ist, in Vers 15 nämlich: »Seht zu und hütet euch vor aller Habgier; denn niemand lebt davon, dass er viele Güter hat« (Lukas 12,15 LUT).

Zunächst enthält das ja einen Zuspruch: Egal, wie viel Geld du hast, wie groß dein Wohlstand ist – der Wert deines Lebens hängt nicht an diesen Dingen. Er hängt nicht daran, ob du alle Prüfungen bestehst, ob du ein Auto besitzt oder gar von welcher Marke. Oder daran, ob du es regelmäßig schaffst, pünktlich deine Miete zu zahlen.

Das, was du bist, das kann man nicht mit Geld bezahlen. Und das ist erst mal eine wunderschöne Botschaft. Du bist wertvoll. Ja. Punkt.

Aber das ist nicht die Kernaussage unseres Textes, sondern eher der Ausgangspunkt. Von dort kommen wir her. Denn Jesus warnt in diesem Vers vor Habgier. Vor Neid, vor Geiz. Am besten übersetzt man dieses Wort vielleicht mit Gewinnsucht. Es ist eine überhöhte Sehnsucht nach dem, was mir in dieser Welt besonders wertvoll erscheint. Wie das aussehen kann, zeigt Jesus an einem Beispiel.

Wenn wir uns das Gleichnis anschauen, fällt als Erstes auf, dass im Zentrum ein reicher Mann steht. Wie reich er ist, spielt keine Rolle, aber er ist immerhin so wohlhabend, dass er über viele Dinge frei verfügen kann. Er ist nicht begrenzt in seinen Möglichkeiten, wie er mit seinem Überfluss umgeht.

Josephus, ein Geschichtsschreiber der damaligen Zeit, erklärt, dass die Zeit Jesu zwar sehr arm, aber doch landwirtschaftlich ertragreich war. Großgrundbesitzer und Machthaber waren reich, alle anderen nicht. Die Schere zwischen Arm und Reich ist also keine Erfindung der Bild-Zeitung, sondern schon damals spürbar gewesen. Aber darauf wollen wir jetzt nicht weiter eingehen. Wichtig ist, dass Jesu Zuhörern direkt jemand vor Augen stand, als sie »ein reicher Bauer« hörten.

In unserer Geschichte ist dieser Bauer auch erst mal ganz gut unterwegs. Da gibt es noch keinen offensichtlichen Fehler oder eine Sünde oder sonst etwas Negatives. Doch dann beginnt ein Selbstgespräch. Und wenn in Gleichnissen Selbstgespräche stattfinden, passieren meistens die zentralen Dinge. Ein Stilmittel, besonders im Lukasevangelium.

Hier ist es so, dass der Kornbauer viel geerntet hat: Getreide, Früchte und so weiter. Und er fragt sich: Was soll ich damit tun? Das Sinnvollste ist logischerweise, die Ernte in entsprechend große Scheunen zu bringen. Macht er. Alles gut.

Aber nun kommt das eigentliche Problem: Gott bewertet die innere Einstellung des Bauern äußerst kritisch. Und das ist noch ganz nett umschrieben. Gott sagt: »Du Narr, Mensch, du Vollpfosten, wie kannst du dich denn so entscheiden? Hast du denn gar nichts begriffen?«

Der reiche Kornbauer sagt sich Dinge, die ich persönlich auch ganz gerne höre: »Ruh dich aus, iss, trink, sei fröhlich. Fertig. Wenn ich gearbeitet habe, ist es doch das Schönste, den Feierabend zu genießen – bei einem Bierchen zum Beispiel. Sich mal was zu gönnen. Wenn ich koche und mich voll reinhänge, das Gekochte aber anschließend nicht esse und jemand anders es auch nicht isst, wieso soll ich dann überhaupt kochen?«

Was ist das Problem? Vertritt Jesus etwa dieses biedere »Pass nur auf, dass du dich nicht besäufst und keine Drogen nimmst«-Christentum? Oder wie *Superzwei* sangen: »Christen müssen artig sein, keine Party, keinen Wein. Ab ins Kloster, Türe zu, dann hat's mit der Sünde Ruh«?

Ich denke, dass das nicht gemeint ist. Es ist nicht falsch, mal Party zu machen, das Leben mal in vollen Zügen zu genießen, sich mal auszuruhen, sich mal was zu gönnen – warum sonst hat Gott den siebten Tag zum Sabbat auserkoren und die Schöpfung erst mit diesem Tag vollendet?

Ich glaube, es geht hier eher um falsche Sicherheiten, die man sich selbst aufbaut. Es geht nicht um einmalige Erlebnisse, sondern um eine Lebenseinstellung. Das ist ein großer Unterschied.

Jesus meint hier: Wenn du denkst, du kannst dein Herz an Reichtum und Güter hängen, dann wirst du schnell merken, dass das alles vergängliche Dinge sind. Und ja, auch ein iPhone geht mal kaputt, oder dein Auto oder deine Waschmaschine.

Jesus kritisiert hier sehr drastisch, wie dieser Mann mit seinem Reichtum umgeht, den er ja von Gott bekommen hat. Sind wir bereit, Gott das, was wir von ihm bekommen haben, auch wieder zurückzugeben, oder erheben wir selbst Anspruch darauf? Klammern wir uns an unseren Besitz, an unseren materiellen Wohlstand?

Das ist eine Herausforderung. Nicht zuletzt, wenn man jeden Sonntag Lieder singt wie: »Jesus, dir gehört mein Leben! Alles, was ich bin, will ich dir geben! Ich will dir nachfolgen. Ich will, dass mein Leben ein Lobpreis für dich ist, dir immer danken für deine Treue und Güte. Halleluja.«

Ich singe solche Lieder lautstark mit und finde sie gut. Aber manche Sätze sind schnell gesungen – es auch konsequent zu leben, ist die andere Seite der Medaille. Auch dein Girokonto, deine Miete, dein BAföG-Antrag, deine Berufsunfähigkeits- und/oder Lebensversicherung, deine Riester-Rente, dein Job, dein Gehalt, deine Wohnung, dein Haus, deine Zeit – alles gehört Gott. Und zwar nicht, weil er es alles zurückfordern oder dir nichts gönnen würde, sondern weil er dich damit gesegnet hat.

Gott hat dich beschenkt, weil du für ihn wertvoll bist. Mit vielen tollen Dingen. Er will, dass es dir an nichts fehlt, und er schenkt dir voll ein (vgl. Psalm 23,5). Doch die Frage ist: Wie gehst du damit um? Es ist doch so: Wenn Gott alles gehört, gehört ihm auch alles. So einfach der Satz geschrieben, gelesen und verstanden ist, so schwer ist er zu leben. Und vielleicht klingt er zu simpel. Aber er trifft mich.

Denn Jesus macht deutlich: Derjenige, der sein Geld, seine Zeit, seine Ressourcen, seine Gemeinde, seine Freunde nur auf sich bezieht, der wird sie am Ende verlieren. Für den ist alles selbstverständlich. Dass es warm ist, dass man Strom hat, dass man Klamotten, Essen, Trinken hat. Aber auch Familie und Freunde.

Für den kann auch Gemeinde schließlich zum Dienstleister werden. So nach dem Motto: Wenn die Predigt, der Lobpreis und der Gottesdienst nicht gut genug sind für mich, dann suche ich mir eben eine andere Gemeinde. Oder komme später. Oder investiere mich nicht. Oder die Kirche ist nur für Taufe, Hochzeit und Beerdigung da.

Der reiche Kornbauer wird kaum selbst den ganzen Tag auf dem Feld gestanden haben. Sondern er hatte sicher seine braven Tagelöhner, die die Ernte für ihn einfuhren. Aber die hat er offenbar nicht in Rente geschickt, sondern nur sich selbst. Er hat nur an sich gedacht.

Der Ausgangspunkt des Gleichnisses war eine Warnung vor Gewinnsucht, das haben wir bereits gesehen. Und wie macht Jesus nun weiter, nachdem er uns vom Schicksal des reichen Kornbauern berichtet hat?

Jesu Schlussfolgerung ist ein Vers, der uns auch schon in der Bergpredigt begegnet ist: »Darum sage ich euch: Sorgt euch nicht um das Leben, was ihr essen sollt, auch nicht um den Leib, was ihr anziehen sollt. Denn das Leben ist mehr als die Nahrung und der Leib mehr als die Kleidung« (Lukas 12,22-23; LUT).

Noch Fragen? Wenn du Angst hast und dir Sorgen machst, dann hör einfach auf damit! Und alles läuft wie von selbst ... Nein, so ist das nicht gemeint.

Ich selbst würde mich immer als Macher bezeichnen. Ich definiere mich nicht über Leistung, aber vielleicht darüber, was ich gemacht habe. Auch wenn der Erfolg ausbleibt, will ich mir gerne Mühe geben. Mehr noch: Mein Bestes will ich Jesus zur Verfügung stellen.

In der frommen Szene nennt man das gerne Exzellenz. Es geht oft darum, nicht Perfektion, sondern Exzellenz zu erreichen. Ich finde es gut, wenn etwas sehr gut ist. Und heilig. Und exzellent. Und dafür muss ich mich bewegen und etwas machen. Und wenn ich genug oder das »Richtige« gemacht habe, dann kann ich mir nichts vorwerfen. Wenn dann mein Ertrag nicht besonders dufte ist, dann kann ich damit leben.

Ich kenne auch genug Menschen, die perfektionistisch sind. Ich bin es nicht. Aber ich kenne ihr Leiden. Ist etwas nicht genau nach ihren Vorstellungen, dann ist das ein Weltuntergang. Eigentlich rennt man dann oftmals nur dem eigenen Anspruch (oder auch dem der anderen) hinterher, bis man eines Tages aufgeben muss und feststellt: Ich pack es nicht.

Und das kann hart sein. Nicht selten fallen Menschen dann in einen Burn-out oder werden depressiv, weil sie sich falsch oder ungenügend fühlen. So etwas mitzubekommen, schmerzt mich immer wieder.

Aber weißt du, was Jesus dir und mir mit diesem Gleichnis sagt? Er sagt: Egal, wie viel du arbeitest, du wirst es ohnehin nie schaffen. Denn ich habe alles in meiner Hand. Es geht nicht darum, dass du etwas leistest, machst und tust. Sondern es geht darum, dass du lernst, mir zu vertrauen. Ich habe die besten Lösungen für dein Leben. Deine Leistung wird meine niemals übertreffen. Ich bin der, der war, der ist und der sein wird. Und ich verspreche dir: Ich werde mich um dich kümmern.

Gott sei Dank sagt er auch dem Faulen, der sich nur auf seinem Reichtum ausruht: Auch du brauchst mich! Du kannst nichts mitnehmen. Wir alle brauchen Jesus. Wir alle brauchen den »Mach dir keine Sorgen«-Zuspruch Gottes, denn sonst definieren wir uns alle über etwas, das nicht Gott ist. Und das tut uns nicht gut! Glaub mir.

EINE KOSTPROBE

Die Gleichnisse sind eine Kostprobe. Sie behandeln ganz verschiedene Dinge, aus denen man ein paar wichtige Prinzipien ableiten kann: Das Königreich Gottes ist für Jesus ein absolutes Herzensthema (Perle). Es ist auf Wachstum und Multiplikation angelegt (Senfkorn). In diesem Reich geht es weniger darum, welchen Lohn ich bekomme, sondern vielmehr darum, dass wir alle zusammen mithelfen (Arbeiter im Weinberg).

Manchmal müssen wir auch etwas dreist sein, um das zu erreichen, was wir wollen (bittender Freund). Neue Dinge braucht das Land. Das steht fest. Also: Reich Gottes zu bauen, bedeutet auch, keine Angst vor Neuerungen, vor Verlust oder Verzicht zu haben, sondern mutig das anzupacken, was vor uns liegt.

Oder anders gefragt: Sind wir bereit, den großen Segen, den Gott uns anvertraut hat, in neue Dinge zu investieren? (neuer Flicken). Das Reich Gottes hört nie auf und geht immer weiter. Gott bestimmt, wo es langgeht. Er versorgt. Er führt uns durch. Ich brauche mir keine Sorgen zu machen, dass ich zu kurz komme (reicher Kornbauer).

Also, das sind nur sechs ausgewählte Gleichnisse, anhand derer man schon eine ganze Menge sehen kann. Mich begeistert es, diese Storys zu lesen und tiefer in das Thema einzutauchen. Ich hoffe, dir hat es ebenfalls Freude bereitet, und du liest Gleichnisse in Zukunft auch mit einer »Reich-Gottes-Brille«!

8. ANKREUZEN – Warum wird mit dem Kreuz und dem Tod Jesu alles anders?

Als kleines Kind, Jugendlicher und Erwachsener – eigentlich in meinem ganzen bisherigen Leben – war ich immer wieder auf Evangelisationsveranstaltungen. Im Zelt, in der Kirche oder irgendwo Open Air – das war eigentlich gar nicht so wichtig. Nicht *wo*, sondern *was* war entscheidend. Denn überall wurde zum Kreuz eingeladen. Beispielsweise bei ProChrist, dem großen europäischen Vorreiter solcher Veranstaltungen.

Die Methode ist recht simpel: Gegen Ende des Abends, nach Predigt und Musik, wird zum Kreuz eingeladen, und jeder, der möchte, kann sein Leben Jesus anvertrauen. Sprich: Hat Jesus an diesem Abend dein Herz zum ersten Mal berührt, und du entscheidest dich, ihm dein ganzes Leben zu geben, dann bist du herzlich eingeladen, zum Kreuz zu kommen. Hier warten Seelsorger auf dich, um mit dir gemeinsam zu beten.

Danach verlässt du als Jesus-Nachfolger und Christ den Ort und bist ein neuer Mensch. Taufe und Abendmahl sind logische Konsequenzen, an denen du das alles noch einmal festmachen kannst. Such dir eine Gemeinde, lies die Bibel und krempel dein ganzes Leben um.

Ich kenne nicht wenige, die finden das »altbacken«, also nicht mehr zeitgemäß. Sie meinen, es passe nicht mehr zu uns. Andere behaupten, es sei manipulativ. Menschen kommen doch auch anders zum Glauben, und überhaupt: Müssen denn alle Menschen Christen werden?

Es gibt viele Pros und Kontras zu dieser Art von Veranstaltungen. Beispielsweise sei das doch nur ein Tropfen auf den heißen Stein. Oder ein »Hinausbekehren« der Menschen, die bisher wenigstens noch kirchlich gebunden waren und danach niemals wieder gesehen werden.

Natürlich weiß ich auch, dass es nicht mit diesem einen Moment – der Entscheidung für Jesus – getan ist, und doch berührt mich das immer wieder. Ich bin vielleicht nicht der größte Fan solcher Veranstaltungen, aber ganz ehrlich und offen: Ich wünsche mir das! Nämlich dass Menschen Gott erleben und er ihr Herr wird. Denn ganz unverfroren finde ich Gott super, und jedem, der nicht weiß, was es bedeutet, an Gott zu glauben, dem fehlt etwas Essenzielles. Wann und wie dieses Kennenlernen schließlich passiert, ist mir gar nicht so wichtig. Aber dass es passiert, wünsche ich mir.

Wie gesagt: Die Kritik, die man gegen die typischen Evangelisationsveranstaltungen vorbringen kann, kenne ich alle. Aber ich finde bei aller Kritik nur wenig sehr gute Alternativen. Oder wie macht ihr das als Gemeinde? Wie kommen bei euch Menschen zum Glauben?

Ja, ich weiß, manche Gemeinden richten ihre Gottesdienste darauf aus, dass möglichst viele Nichtchristen angesprochen werden. Das ist auch gut so. Macht unbedingt weiter damit. Aber viele müssen sich – vor allem aus den eigenen Reihen – anhören, dass sie nur noch Gottesdienste für Menschen gestalten, die gar nicht kommen. Könnte da nicht auch der Neid eine Rolle spielen?

Klar, nicht alles, was funktioniert, ist richtig, und wir sollten noch mal klären, was »jemanden für Jesus zu erreichen« wirklich bedeutet. Menschen vorzuhalten, dass ihr Leben defizitär sei, finde ich ehrlich gesagt nicht so optimal. Dass ich ihnen eine Beziehung zu Jesus wünsche, steht allerdings auch fest.

Den richtigen Ton dabei zu finden, ist großes Kino, und nur wenige können das echt gut. Am Ende läuft es auf die Frage hinaus: Wie funktioniert denn heutzutage Evangelisation? Wie können Menschen, die nichts von Gott wissen, erfahren, was das Evangelium ist?

Jemand aus meinem Umfeld urteilt gerne über eine Predigt mit folgenden Worten: »Etwas Falsches hat er/sie nicht gesagt, bekehrt wird sich aber keiner haben!« Das ist ja wohl der springende Punkt: Bekehrung. Ein schwieriges Wort in manchen Kreisen. Ich persönlich kann allerdings sehr viel damit anfangen, was daran liegen könnte, dass ich selbst eine »Bekehrung« bei mir erlebt habe.

Nun können wir uns fragen: Zu was muss ich mich denn bekehren? Jesu Evangelium vom Reich Gottes hat ja einen anderen Schwerpunkt als die Botschaft des Apostels Paulus, wie wir bereits gesehen haben. Bei Paulus ist die Deutung des Kreuzes zentral, und damit verbunden die Rechtfertigung allein aus Glauben: Nicht meine Leistung zählt, sondern Gottes Gnade.

Das zu akzeptieren und anzuerkennen, ist eine Form von Bekehrung. Trotzdem möchte ich an dieser Stelle gerne noch mal nachhaken: Ist das Kreuz etwas, für das *ich* mich entscheide? Oder etwas, was sich für mich entschieden hat? Was ist dort überhaupt passiert? Wie können wir es verstehen?

WAS GESCHAH AM KREUZ?

Meiner Meinung nach öffnet das Kreuz einen Fächer. Verschiedene Perspektiven werden wichtig. Ich möchte versuchen, kurz zusammenzufassen, was dort geschehen ist:

Jesus von Nazareth, der Christus, wie Petrus ihn beschreibt, ist der Sohn Gottes. Das glauben »wir Christen«. Dieser Sohn Gottes, dieser wunderbare Jesus, hat nicht nur über das Reich Gottes geredet und Menschen geheilt, sondern auch diese absolut entscheidende und zeitenverändernde Tat am Kreuz vollbracht.

Das fiel ihm sehr schwer, aber er war gehorsam und demütig genug, sich seinem himmlischen Vater anzuvertrauen und zu ihm zu sagen: »Nicht wie ich will, sondern wie du willst.« Er nahm die Sünde, Schuld, Scham, Angst und Finsternis auf sich, trug sie stellvertretend ans Kreuz von Golgatha und starb dort für uns. Am dritten Tag stand er von den Toten auf und lebt seit der Himmelfahrt bei seinem himmlischen Vater. Das Grab ist leer. Jesus lebt. Der Tod hat verloren. Wir dürfen in Ewigkeit in Gottes Nähe sein.

Die meisten Christen können diese Zusammenfassung des Evangeliums sicherlich so für sich annehmen. Manches würden sie vielleicht noch mehr betonen oder das eine oder andere hinzufügen. Aber ich hoffe schon, dass ich in etwa die grundlegende Story des Kreuzesgeschehens erfasst habe.

Nun ist die Frage: Was macht man mit diesen Informationen? Und da merkt man recht schnell, dass es manchmal wichtig ist, sich seiner »Brille« beziehungsweise seines Deutungsmusters bewusst zu werden.

Bei dem einen geht es in erster Linie um die Vergebung von Schuld. Da ist die Tat des Einzelnen im Blickpunkt und die Frage, wer was gemacht hat, entscheidend. Gnade schlägt Leistung.

Beim anderen geht es eher um die Scham, die beseitigt wird. Am Kreuz wird die Liebe Gottes so deutlich, dass wir zu verstehen beginnen, dass Gott uns bedingungslos liebt, und das verändert alles. Liebe stiftet Identität.

Beim Nächsten stehen die Finsternis und das Böse im Vordergrund. Mit dem Kreuz haben diese Dinge ein Ende gefunden und der Ankläger hat verloren. Das Gute siegt.

Oder wir sagen: Die gesetzliche Religion stirbt am Kreuz, da in jenem Moment der trennende Vorhang im Tempel zerrissen ist. Wir haben ab jetzt die Freiheit, zu Gott zu kommen, denn das Allerheiligste ist jedem Menschen zugänglich gemacht worden. Die Schneise zum Vater ist gezogen. Der Weg ist frei. Im Glauben an Gott können wir zu ihm gehen.

Durch das Kreuz und vor allem durch die Auferstehung dürfen wir ewig leben und vertrauen der Verheißung, dass Gott alles neu machen wird. Ewigkeit schlägt Tod.

Das Kreuz. Wie siehst du das Kreuz? Welche dieser Deutungen, die ich genannt habe, kanntest du bereits, und welche könntest du noch hinzufügen? Das Kreuz war ein Folterinstrument und wurde zum Symbol der Christen. Dem kann man sich nicht entziehen. Ganz ehrlich, es wäre auch bitter, täten wir genau das.

Beim Kreuz geht es allerdings nicht zuletzt um den heilsgeschichtlichen Kontext! Mit dem Kreuz und der Auferstehung Jesu bricht das Reich Gottes an. Das Kreuz schenkt mir die Freiheit, ein Bürger des Reiches Gottes zu sein. Alles, was mich davon abhält, zählt nicht mehr. Es ist ein Neuanfang. Aus dem Karfreitag, an dem Trauer und Schmerz im Vordergrund stehen, wird der *Good Friday*, wie es im Englischen heißt.

Im Reich Gottes spielt das Kreuz eine zentrale Rolle. Aber es ist gar nicht mal so wichtig, welche Perspektive du hernimmst: Hier haben alle einen Platz. Jeder darf aus seiner eigenen Sicht auf dieses Kreuz schauen. Gott hält diese Breite und Weite aus, auch wenn wir das oftmals nicht tun.

Mit diesem Weg, den Jesus geht, wird deutlich, wie sehr er uns liebt und wie sehr er sich danach sehnt, dass sein Reich sich ausbreitet. Das Kreuz und der damit verbundene Tod Jesu ist das konsequente Weiterdenken dessen, was Jesus verkündigt hat. Nicht nur seine Lehren erneuern uns, sondern vor allem sein konkretes Tun. Wenn das Reich Gottes konkret gelebt wird, verändert es alles.

EIN KÖNIG

Ich würde gerne mal mit dir auf das Johannesevangelium schauen. Die Passionsgeschichte wird dort wie eine Königskrönung erzählt, nur irgendwie andersherum: Der König zieht auf einem Esel in Jerusalem ein. Nicht auf einem Pferd. Kein Heer bereitet ihm den Weg, sondern ganz normale Menschen wedeln mit Palmenzweigen. Sie rufen ihm zu: »Hosianna! Gelobt sei, der da kommt im Namen des Herrn, der König von Israel!« (Johannes 12,13; LUT). Der König von Israel. Das ist krass!

Jesus verbringt einige Zeit mit seinen Jüngern, bevor er im Garten Gethsemane von den Soldaten des Hohen Rates gefangen genommen wird. Er wird verurteilt und vor Pilatus gestellt. Nach dem »jüdischen Gericht« kommt jetzt das römische. Pilatus versteht das nicht so recht, aber ihm wird gesagt, was Jesus von sich behauptet. Also fragt Pilatus ihn ganz unverfroren: »Bist du der Juden König?« (Johannes 18,33; LUT).

Jesu Antwort ist stark, denn im Grunde sagt er darauf Ja. Aber nicht direkt. Sondern er macht deutlich: »Mein Reich ist nicht von dieser Welt. Wäre mein Reich von dieser Welt, meine Diener würden darum kämpfen, dass ich den Juden nicht überantwortet würde; aber nun ist mein Reich nicht von hier« (Johannes 18,36; LUT).

Das beruhigt Pilatus etwas. Damit kommt er klar, denn er begreift, dass das anscheinend irgendetwas Religiöses ist.

Und Jesus fährt fort: »Ich bin ein König. Ich bin dazu geboren und in die Welt gekommen, dass ich die Wahrheit bezeuge. Wer aus der Wahrheit ist, der hört meine Stimme« (Johannes 18,37; LUT). Damit sind die Verhältnisse geklärt: Jesus ist König. Ein König, den seine Untertanen nicht aufgenommen haben. Ein König, der die Wahrheit bezeugte, aber nicht gehört wurde.

Durch den öffentlichen Druck sieht Pilatus keine andere Möglichkeit, als Jesus zum Tod am Kreuz zu verurteilen. Jesus bekommt eine Dornenkrone aufgesetzt – als »König«. Außerdem legen die Soldaten ihm einen Purpurmantel um und verspotten ihn: »Sei gegrüßt, König der Juden!, und schlugen ihm ins Gesicht« (Johannes 19,3; LUT).

Eine grausame Situation. Jesus wird aufs Übelste verspottet. Schließlich wird er nach Golgatha gebracht, einem kleinen Hügel etwas außerhalb der Stadtmauern. Das Kreuz wird aufgerichtet und ganz oben thront das Schild: INRI – Jesus von Nazareth, König der Juden.

Diese Szene zeigt, dass sich das Königreich Gottes grundlegend von allen anderen Reichen unterscheidet. Jesus stirbt. Der König ist tot. Das war's. Das Reich Gottes ist scheinbar Geschichte. Die Erfüllung des Gesetzes und der Propheten endet hier. Es ist vorbei. Der Messias ist nicht mehr.

Das gehört tatsächlich zum Reich Gottes dazu: der König, der stirbt. Aus Liebe. Aus Hingabe. Aus Gehorsam. Aus innerer Größe. Es ist also keine Erfolgsgeschichte. Keine schöne Herrschaft, wie Salomo sie erlebte. Es gibt keine royalen Erben, die sein Reich fortsetzen könnten. Es hört auf.

Doch dann: *Le roi est mort, vive le roi!*

Na? Auch kein Französisch in der Schule gehabt? Gut, zur Zeit Jesu hat diesen Satz sicherlich niemand gesagt. Aber in Frankreich wurde mit diesen Worten früher der Tod des alten Königs verkündet und gleichzeitig der neue auf den Thron gesetzt: »Der König ist tot, es lebe der König.«

Im Falle des Reiches Gottes heißt es jedoch: Aus Jesus von Nazareth wird wirklich der Christus. Der Messias. Der, der ein ewiges Königreich aufbaut.

Jesus steht von den Toten auf. Der König lebt. Gottes neue Welt hat begonnen. Das größte Wunder geschieht – das Reich Gottes beginnt. Mit Jesu Auferstehung! Halleluja!

Auch für dich?

Jetzt kommt mein kleiner Bekehrungsaufruf. Keine Angst, du findest hier keine Knöpfe oder Soundeffekte im Buch, die eine heilige Keyboard-Fläche produzieren. Keine Lichttechnik. Kein Kreuz, zu dem du hingehen kannst.

Aber eine Einladung.

Sei Teil davon! Werde Teil dieses schönen, kraftvollen Königreiches. Suche und sehne dich nach diesem Ort, nach diesem Reich. Nach diesem wunderbaren König, der alles neu macht.

Denn seine Worte sind keine Utopie, kein bloßer frommer Gedanke, keine Traumwelt oder gelebter Optimismus. Sondern Jesus lässt seinen Worten Taten folgen. Er ist König. Er lebt. Durch das Kreuz stirbt das Reich der Menschen, und mit seiner Auferstehung kommt das Reich Gottes! Sei dabei!

Vielleicht fragst du, wie das gehen soll? Der Weg dorthin ist sehr individuell. Manche brauchen diesen konkreten Schritt zum Kreuz. Andere sind im Glauben aufgewachsen und treffen von Zeit zu Zeit eine Entscheidung, in der sie das für sich persönlich noch einmal festmachen. Wieder andere haben gesucht und schließlich gefunden. Es gibt kein Patentrezept, wie du zu Jesus kommen kannst.

»Wahrlich, wahrlich, ich sage dir: Wenn jemand nicht von Neuem geboren wird, so kann er das Reich Gottes nicht sehen« (Johannes 3,3; LUT). Das sagt Jesus zu Nikodemus, einem klugen, sehr gebildeten Zeitgenossen. Jesus macht klar: Es geht ums Neuwerden. Um eine neue Geburt.

In der Taufe feiern wir das: Wir werden eine neue Kreatur. Altes ist vergangen. Neues entsteht. Das ist möglich für Reich-Gottes-Bürger und somit auch für dich.

Dieses Königreich Gottes, von dem ich erzählt habe, wird sicht- und erlebbar. Jeder ist eingeladen, Teil davon zu werden. Keiner wird abgewiesen – im Gegenteil, Jesus erwählt insbesondere die Schwachen und Armen, wie wir bei den Seligpreisungen bereits gesehen haben.

Unter Jesu Herrschaft hat das Königreich Gottes bereits begonnen. Welche Erleichterung! Welche Freude! Welche Hoffnung!

Deshalb möchte ich dieses Kapitel mit Peter Tauber beenden, der Karl Barth folgendermaßen zitiert: »Wer die Osterbotschaft gehört hat, der kann nicht mehr mit tragischem Gesicht herumlaufen und die humorlose Existenz eines Menschen führen, der keine Hoffnung hat.«[14] Also, *ich* grinse gerade.

9. Zwölf Freunde müsst ihr sein – Wie wir Jünger werden, sind und bleiben. Und warum das so wichtig ist!

1954. Bern. Deutschland gegen Ungarn – eine Mannschaft, gegen die spielt man ungern. Oder: Es gibt eine klare Favoritenrolle. Und die deutsche Elf, trainiert von Sepp Herberger, hatte sie nicht inne. Viele kennen diese legendäre Szene. Und auch die berühmten Worte des Radioreporters Herbert Zimmermann: »Aus dem Hintergrund müsste Rahn schießen. Rahn schießt. Tooooor! … Deutschland ist Weltmeister!«

3:2 gegen Ungarn. Die WM-Helden von damals hießen Rahn, aber vor allem auch Fritz und Ottmar Walter. Toni Turek stand im Tor. Auf der anderen Seite: Ferenc Puskás, der nahezu genauso viele Tore schoss, wie er Spiele spielte, und Sándor Kocsis. Der Torschützenkönig der WM 1954. Stars. Wirkliche Größen.

Aber Deutschland gewann. Das »Wunder von Bern« wurde möglich, weil die Spieler an ihren Trainer glaubten. Und Sepp Herberger fütterte seine Mannschaft mit Weisheiten, die bis heute gelten. Sie erklären den Fußball aufs Grundsätzlichste. Ob »Ein Spiel dauert neunzig Minuten« oder »Der Ball ist rund« – viel lässt sich dagegen nicht einwenden. Und dann natürlich: »Elf Freunde müsst ihr sein.« Obwohl der Satz heute heißen müsste: Zwanzig oder fünfundzwanzig Freunde müsst ihr sein, auch wenn nur elf spielen können. Damals durfte man noch nicht wechseln.

»Elf Freunde« heißt aber auch noch etwas anderes: Wir brauchen Zusammenhalt. Wir müssen an einem Strang ziehen. Wir müssen zur Einheit werden. Wir müssen Freunde sein und uns nicht gegenseitig weggrätschen. Sind wir das, dann sind wir stärker als jeder Gegner, der das nicht beherzigt, so gute Spieler er auch haben mag – wie beispielsweise Puskás, der Ronaldo der damaligen Zeit. Elf Freunde müsst ihr sein. Was für eine Weisheit.

»Zwölf Freunde müsst ihr sein« – so könnte man auch einige Anweisungen überschreiben, die Jesus seinen Jüngern gegeben hat. Das griechische Wort für Jünger bedeutet so viel wie Schüler. Das ist nicht so sexy, aber es zeigt: Jesus war der Coach, er war der »Nachfolge/Königreich Gottes«-Sepp Herberger für die damaligen Gläubigen.

Und die Zahl zwölf ist so etwas wie eine Chiffre. Sie steht nicht nur für die zwölf Apostel, sondern auch für die siebzig Jünger, denen Jesus einmal einen besonderen Auftrag gab (vgl. Lukas 10,1). Oder für die Frauen und Männer, die um ihn herum waren. Es waren sich ergänzende Charaktere, die auch nach Jesu physischem Verschwinden von dieser Welt eine zentrale Rolle spielten. Denn sie trugen seine Gedanken weiter. Sie wurden zu einem Freundeskreis, der die Kraft und Schönheit des Königreiches Gottes widerspiegelte.

Jesus berief also zwölf seiner engsten Vertrauten. Mit denen wollte er unterwegs sein. Ihnen das Evangelium vom Königreich Gottes so richtig beibringen. Und weil sie es erlebten, war für sie klar: Jesus ist der König und wir folgen ihm nach.

WIE WERDE ICH TEIL DER MANNSCHAFT?

Es gibt die Geschichte rund um Nikodemus im dritten Kapitel des Johannesevangeliums. Auf der einen Seite ein Mann, der hohes Ansehen beim Volk hat. Ein Gelehrter, edel gekleidet, und viele Menschen hören auf das, was er sagt. Er kommt zu Jesus. Nachts. Wenn es keiner mitbekommt, weil es keiner mitbekommen soll. Und er hat Fragen. Eine stellt er direkt: »Rabbi«, sagte er zu ihm, »wir wissen, dass du ein Lehrer bist, den Gott gesandt hat. Denn niemand kann solche Wunder tun wie du, wenn Gott nicht mit ihm ist« (Joh. 3,2 NGÜ). Dass er ihn mit Rabbi anspricht und es nicht andersherum geschieht, zeigt schon, dass in Nikodemus etwas Krasses geschehen ist. Für ihn ist Jesus jemand ganz besonders. Er steht über ihm. Ein krasser Demutsschritt für einen pharisäischen Gelehrten. Und seine Frage zielt auf die Wunder und seine Ausstrahlung ab. Er möchte es auch haben, diese Wundergabe. Er möchte Teil dieses geistlichen Gebildes werden, in dem Jesus unterwegs zu sein scheint. Und fragt sich: Wie? Wie mache ich das? Jesus sagt zu ihm: »Wenn jemand nicht von neuem geboren wird, kann er das Reich Gottes nicht sehen« (Johannes 3,3; NGÜ).

Neugeborgen werden ist etwas, das biologisch nicht funktioniert. Da stimmen wir mit Nikodemus überein. Jesus macht ihm jedoch deutlich, dass das aus Wasser und Geist geschehen muss. Beim Wasser ist uns auch klar, dass es um die Taufe geht. Wir sollen getauft werden, so wie damals Johannes der Täufer getauft hat. Nikodemus kannte das. Jesus auch. Aber Jesus verbindet die Taufe mit dem Geist. In der Taufe, die er hat, geht es nicht nur um die Schuld, die abgewaschen wird, sondern der alte Mensch stirbt beim Eintauchen und ein neuer taucht aus dem Wasser auf:

Eine neue Identität wurde geschaffen. All das geschieht durch den Geist. Was bedeutet er in deinem Leben? Ist er geheimnisvoll? Ein rotes Tuch? Oder fühlst du ihn die ganze Zeit?

Anhand dieser Geschichte wird für mich deutlich, dass das Neugeborenwerden einen Prozess in mir in Gang setzt, den ich nicht kontrollieren kann. Der manchmal kaum wahrnehmbar ist, aber wenn ich genauer hinsehe, dann merke ich, wie der Geist mich verändert. Die Frucht und die Geschenke des Geistes wachen in mir auf. Ich werde mir bewusst, wo ich neu denken und in eine andere Richtung lenken muss. Dieser Geist ist es, der mich Jünger werden und bleiben lässt. Mehr noch: Er lässt meine Faszination am Königreich Gottes nicht kleiner, sondern größer werden. Und: Er hält die Mannschaft zusammen. Der so oft beschworene Mannschaftsgeist, wenn man so will. Dieses Neugeborenwerden in die Gottesmannschaft geschieht durch das Wirken des Heiligen Geistes in mir. Meine Antwort darauf: Ja, Jesus, ich will dabei sein. Du hast mich so begeistert, mich berührt, ich kann nicht anders! Wie lautet deine?

DER AUFTRAG DER MANNSCHAFT

Wann hat die Mannschaft ein Tor geschossen oder ihr Ziel erreicht? Wann spielt sie gut? Jesus gab seinen Jüngern folgende Worte dazu mit: »Mir ist gegeben alle Gewalt im Himmel und auf Erden. Darum gehet hin und lehret alle Völker: Taufet sie auf den Namen des Vaters und des Sohnes und des Heiligen Geistes, und lehret sie halten alles, was ich euch befohlen habe. Und siehe, ich bin bei euch alle Tage bis an der Welt Ende« (Matthäus 28,18-20; LUT).

Ein Halbsatz sticht für mich heraus: »Lehret sie halten ...«
Oder anders gesagt: Bringt ihnen all das bei, was ich euch beigebracht habe.

Wir haben ja schon ein paarmal darüber gesprochen, aber die Wiederholung ist schließlich die Königin des Lernens. Deshalb noch mal die Frage: Worüber hat Jesus am meisten gelehrt? Über »Sex vor der Ehe in der Endzeit«? Nein. Natürlich nicht. Sondern über das Königreich Gottes.

Wir selbst dürfen Jesus ebenfalls nachfolgen und uns seine Jünger nennen. Wir haben denselben Auftrag bekommen wie die allerersten Jünger damals. Am Anfang der Apostelgeschichte heißt es: »Sie waren es auch, denen er sich nach seinem Leiden und Sterben zeigte und denen er viele überzeugende Beweise dafür gab, dass er wieder lebendig geworden war: Während vierzig Tagen erschien er ihnen immer wieder und sprach mit ihnen über das Reich Gottes und alles, was damit zusammenhängt« (Apostelgeschichte 1,3; NGÜ). Das ist eine wichtige Ansage, die wir ernst nehmen sollten.

Denn jetzt kommen wir zu einem Punkt, den ich oftmals sehr schmerzhaft wahrnehme: Wir lehren heute allerhand, aber über das Reich Gottes lehren wir zu wenig. Das ist mein Eindruck. Eine Reich-Gottes-Kultur zu prägen, zu leben, sie uns zu eigen zu machen – das brauchen wir unbedingt.

Die Kirche, die Gemeinde, die Nachfolgerschaft, die Jünger – wir sind doch die Repräsentanten des Königreiches Gottes. Wenn wir nicht verkünden, dass es nahe herbeigekommen ist und wir neu denken lernen sollen, dann erfüllen wir unseren Auftrag nicht.

Ich weiß, man kann mit Wortbedeutungen echt Schindluder treiben, aber: Sünde bedeutet im Alten Testament Zielverfehlung. Ich habe vielleicht versucht zu treffen, aber ich habe es nicht geschafft. Das Ziel, das Gott mir gegeben hat, habe ich nicht erreichen können, und das belastet die Beziehung zu Gott, meinen Mitmenschen und mir selbst.

Lehren wir nicht über das Reich Gottes, dann sind wir der Berufung, die auf der Jüngerschaft Jesu liegt, nicht gerecht geworden. Wir lehren nicht das, was Jesus uns gelehrt hat.

Krass, oder? Jetzt nehmen wir das mal ernst und überlegen uns, wie wir die Ziele Jesu erreichen könnten. Wie geht das?

Ohne Gottes Wirken gar nicht. Aber mit seiner Hilfe werden wir sehen und erleben, wie sich das Königreich Gottes ausbreitet und einen wunderschönen Duft verströmt. Die Jüngerschaft Jesu, die zwölf Freunde, oder heute die Kirche – wir haben das Potenzial, dass dieses Königreich Gottes wieder neu sichtbar wird in dieser Welt. Dann, wenn wir so von Gottes Liebe erfüllt sind, dass wir förmlich überlaufen. Wenn wir beginnen, den Schwachen zu achten und dem Bösen das Gute Jesu entgegenzusetzen.

Dazu sind wir als Jüngerschaft berufen. Aber wo findet das tatsächlich bei uns statt?

Ich denke, es geht erst mal darum, ein Bewusstsein für dieses Reich Gottes zu entwickeln. Ich habe ja schon ausführlich beschrieben, was das Reich Gottes ist und wie es sich uns in der Bibel zeigt.

Aber jetzt geht's ans Eingemachte: Wo kannst du persönlich »Reich-Gottes-Bauarbeiter« sein in dieser Welt? Wo bist du herausgefordert, die »Königreich-Gottes-Brille« aufzusetzen und für dieses Reich zu kämpfen?

Ganz ehrlich, mich können solche Gedanken bisweilen überfordern. Dann schiebe ich sie beiseite, vergesse sie teilweise, und sie versacken im Nirgendwo. Sie liegen ungenutzt brach, entfalten keine Schönheit und keine Kraft. Das kennst du vielleicht.

Deswegen ist es wichtig, dass wir uns immer wieder in Erinnerung rufen, was Jesus uns mitgegeben hat: Er hat uns ein Bild gemalt vom Reich Gottes und dessen Schönheit. Von allem, was dort stattfinden kann. Von den Prinzipien, nach denen es aufgebaut ist, und den Aspekten, die konkret mit dir und mir zu tun haben.

Wenn ich mir das neu bewusst mache, dann wird in mir wieder lebendig, was Jesus wichtig war. Ich muss nicht in jedem Augenblick jede einzelne Information abrufen können, aber ich muss wissen, um wen es geht: Ohne Jesus kann ich kein Reich Gottes bauen. Aber mit ihm gewinnt es Kraft. Es ist unglaublich anziehend. Es hat riesiges, ewiges Potenzial. Es ist auf Wachstum und Multiplikation ausgelegt.

Nicht ich allein baue das Reich, sondern ich mache es in Partnerschaft mit Christus. Im besten Fall sogar mit Freunden, die genauso ticken wie ich. Deren Herz ebenso erfüllt ist von dieser riesigen Sehnsucht, dass schon jetzt das Königreich Gottes im Hier und Heute anbricht. Zwölf Freunde können gemeinsam viel mehr erreichen als lauter Einzelkämpfer.

Deswegen suche dir Mitstreiter. Manche Gemeinde hat diesen Reich-Gottes-Herzschlag und lebt ihn. Dann ist das vielleicht ein guter Ort für dich. Manchmal können es die Christen in deinem Umfeld oder deutschlandweite Netzwerke sein, in denen du gefördert und gestärkt wirst.

Ich bin mir sicher: Wenn du das machst, hat es eine unfassbare Auswirkung auf alles, was du tust. Auf deine persönliche Berufung, auf deine Familie, dein Umfeld, deine Stadt, die Leute, mit denen du zu tun hast. Alle erleben durch dich das Königreich Gottes.

Ich rede hier von einer Art Lebensschule, die jeden Lebensbereich betrifft. Ich kenne es von mir, dass ich manchmal so »ins Leere hinein« nachfolge. Ich eigne mir zwar Wissen an und verbringe eine gute Zeit mit meinem Herrn. So wichtig das ist – und ich will es keinesfalls relativieren: Ist uns auch klar, dass wir andere Menschen ins Reich Gottes führen sollen?

»Lehret sie halten …« Ist unser Leben danach ausgerichtet oder geht es uns im Kern um uns selbst?

Jesus wünscht sich, dass wir anfangen, Reich Gottes ganzheitlich zu denken. Dass wir es in jedem einzelnen Lebensbereich wirken lassen und es in die ganze Welt hinaustragen. In die Welt, die direkt neben uns beginnt, aber auch weit darüber hinaus. Ich glaube, Jüngerschaft heißt letztendlich, ein lebenslanger Schüler Jesu zu sein und sein Reich in dieser Welt weiter auszubreiten. Folgst du so nach?

10. Gottes geliebte Zone – Oder: Wie wir Gottes Königreich in der Welt repräsentieren können

Karl Barth (1886–1968). Vielleicht hast du von diesem Theologen schon einmal gehört. Während meines Studiums war er oft Zankapfel zwischen verschiedenen Lagern. Manche bezeichnen ihn als »Luther des 20. Jahrhunderts«, andere als »frommen Spinner«. Wieder andere sagen, er sei seiner Zeit voraus gewesen und sein Revival komme erst noch. Wer weiß?! Wenn du willst, dann lies ihn doch selbst mal!

Karl Barth war in politisch aufgewühlten Zeiten unterwegs, die ihn nachhaltig prägten. Ob die für ihn sehr einschneidende Zeit im Ersten Weltkrieg, die Goldenen Zwanziger oder das Nazi-Regime – er war nicht nur Beobachter seiner Zeit. Sondern er war ein politisch engagierter Theologe, der mit seiner Meinung nicht hinter dem Berg hielt. Das änderte sich auch nicht nach dem Zweiten Weltkrieg.

In der damaligen sowjetischen Besatzungszone, der späteren DDR, wurden in den ersten Jahren auch evangelische Pfarrer als Regimegegner verhaftet. Der damalige Stasi-Chef Wilhelm Zaisser war der Meinung, dass sie westliche Werte und Ideale vertraten. Auch von oben her sollte die Kirche mundtot gemacht werden und ihr Einfluss immer mehr zurückgehen. Eine neue, sowjetische Kultur wurde aufgebaut mit aus christlicher Sicht schlechten Früchten.[15]

Viele junge Menschen nahmen nicht mehr an der Konfirmation teil, sondern wurden zur Jugendweihe – dem atheistischen

Gegenstück – gedrängt. Das ist übrigens einer der Hauptgründe, warum sich hier so viele Menschen mit den Jahren vom Glauben und der Kirche entfremdet haben. Wer im Leben beruflich vorankommen wollte, musste sich an die staatliche Ideologie anpassen. Die Zahl der Kirchenmitglieder ging stark zurück.

Der Staat versuchte, auch die christlichen Feste atheistisch zu interpretieren. Weihnachtsengel wurden zur »Jahresendflügelfigur«. Neue Lieder wie *Tausend Sterne sind ein Dom* haben in wunderschönen Melodien gesagt: Wer braucht schon die Kirchen für die Weihnachtsstimmung? Aus dem Osterhasen wurde der »Traditionshase«. Kannst du dir nicht ausdenken? War aber so.

Es wurde versucht, den christlichen Glauben zu verdrängen oder lächerlich zu machen. Menschen, die offen ihren Glauben lebten, wurden benachteiligt. Sie hatten trotz guter Zensuren meist keine Chance auf ein Universitätsstudium. Sie wurden von der Stasi bespitzelt oder bedrängt. Jugendfreizeiten wurden bis in die 1970er-Jahre verboten oder stark behindert.

Doch manche Jugendlichen waren fromm und deshalb auch politisch – in dem Sinn, dass sie sich dem Staat verweigerten, wo es von der Bibel her für sie geboten war. Sie nahmen dafür erhebliche Nachteile in Kauf. »Trachtet zuerst nach dem Reich Gottes« – das lebten sie, auch wenn es sich für viele nicht so anfühlte, als würde ihnen alles zufallen.

Karl Barth, der in der Schweiz lebte, schrieb immer wieder Briefe und Kommentare, in denen er seinen Unmut darüber äußerte, wie die DDR-Regierung mit Christen umging. Mal an Regierende selbst, mal als Kolumne einer Zeitung, mal als Brief an viele Pfarrer. Dazu muss man vielleicht erwähnen, dass Karl Barth SPD-Mitglied war und dadurch nicht auf dem »linken Auge blind«

war. Einem christlichen und demokratisch geprägten Sozialismus stand er überhaupt nicht abgeneigt gegenüber.

So kämpfte er für das Recht vieler Pfarrer und für das öffentliche Ausleben des christlichen Glaubens in der DDR. Er war entsetzt darüber, dass man die eigentlich gute Idee des Sozialismus so erbarmungslos und diktatorisch leben konnte, wie es die sowjetische Besatzungsmacht tat. Es war ein gottloses System.

In dem Zug nannte Barth den Osten Deutschlands nicht etwa »DDR« oder »sowjetische Besatzungszone«. Sondern er sprach in wertschätzender, liebevoller, aber auch provozierender Art von »Gottes geliebter Ostzone«.[16] Er machte deutlich: Wir dürfen die Menschen dort nicht vergessen! Obwohl der Glaube an Gott systematisch aus der Gesellschaft hinausgetrieben wird, sollen wir immer wieder auf ihn aufmerksam machen und über Gott reden.

Gott kennt keine Grenzen und Gesetze – er ist der König, und nicht der Sozialismus! Das Reich Gottes lebt auch hier!

Nun bist du vielleicht gar nicht aus »Gottes geliebter Ostzone« wie ich. Doch wo könnte denn heute »Gottes geliebte Zone« sein?

Ich meine damit nicht wie Barth ein politisches Territorium oder ein bestimmtes System, das »Gottes geliebte Zone« genannt werden sollte, um jemanden zu provozieren oder ihm den Spiegel vorzuhalten. Sondern ich würde sagen: »Gottes geliebte Zone« ist überall dort, wo Menschen Jesus nachfolgen.

Manche nennen sich zwar Christen, aber sie folgen Jesus nicht nach. Ich glaube, dass das Reich Gottes vor allem dort ist, wo Menschen nach dem Willen Gottes fragen und danach handeln. Wo sie ihr Leben danach ausrichten. Wo sie Jesus repräsentieren. Wo andere Menschen merken: Hier ist etwas anders.

Unser Gemeindegründer-Pastor Henry wird oft von Besuchern, die nichts mit der Georgenkirche oder dem Glauben zu tun haben, gefragt: »Sag mal, was ist hier anders als in anderen Kirchen?«

Und Henry sagt dann immer: »Das ist das Wirken des Heiligen Geistes.«

Daraufhin fällt den Leuten die Kinnlade runter!

Solche Orte und Begegnungen, wo der Geist Gottes Raum bekommt – dort ist Gottes geliebte Zone. Das glaube ich ganz fest. Das Königreich Gottes wird dort wirksam, wo Menschen darauf vertrauen, dass Gott da ist – in ihrer Lebenssituation, an ihrem Ort. Sie fragen nach seinem Willen und tun, was er ihnen aufs Herz legt. So bildet sich ein Ort des Segens, des Wirkens und Handelns Gottes. Mitten in dieser Welt. Ein kleines Stück Himmel auf Erden.

Oft wird das nicht deutlich in meinem Leben. Vieles steht dem im Weg. Doch es geht beim Reich Gottes immer wieder darum, falsche Wege zu verlassen, sich neu auf Gott auszurichten und sich neu für ihn zu entscheiden (Buße, du erinnerst dich). Sein »Dasein« merkst du vor allem daran, dass Gottes Reichtümer in dir und anderen sichtbar werden.

Ist dir klar, dass du zu dieser Zone gehörst und sie repräsentierst? Wenn ja, dann ist das politische oder gesellschaftliche System, die Welt, in der du lebst, zweitrangig. Nicht die Umstände bestimmen dich, sondern Gottes übernatürliches Wirken. Das Königreich Gottes ist seit dem Kommen Jesu unter uns. Er ist auferstanden und hat versprochen: Ich mache alles neu!

DU BIST DAS REICH GOTTES

Die Menschen in der DDR haben in einem System der Gottlosigkeit gelebt. Aber deswegen hat Gott trotzdem nie aufgehört zu wirken. Christen in Ost und West haben gebetet, dass Gott die Berliner Mauer und damit die deutsche Teilung zum Einsturz bringen möge. Und er tat es und schenkte das Wunder der friedlichen Revolution.

Doch die Zone blieb gottlos. Weitestgehend. Ein Beispiel dafür ist Neustadt, mittlerweile ein Ortsteil von Halle, damals eine eigene Stadt. Heute steht in der Berichterstattung bei RTL2 oder ZDF Halle-Neustadt für die Verwahrlosung von Menschen oder die »Gesellschaft gewordene« Arbeitslosigkeit durch Hartz IV. Zu DDR-Zeiten lebten dort ab den 1960er-Jahren bis zu 90 000 Menschen, Ende 2019 waren es nur noch halb so viele. Eine Kirche gibt es dort bis heute nicht. Die braucht dort keiner. Damals nicht und heute nicht. Eigentlich ein Inbegriff einer gottlosen Zone.

Noch ist das so! Aber selbst wenn du an so einem Ort lebst und der Einzige bist, der Jesus nachfolgt, gehörst du zu Gottes geliebter Zone. Ich kenne Menschen, die in Halle-Neustadt Jesus ins alltägliche Leben hineinbringen möchten und für diesen Stadtteil beten. Und sie erleben, dass diese »Kontra-Zone Gottes« vielen Menschen guttut. Sie schaffen Orte zum Auftanken. Orte der Heilung und Wiederherstellung. Gott wird in der konkreten Hilfe und im Miteinander erlebbar.

Dieses Prinzip kannst du übertragen auf deinen Beruf, deine Familie, dein Stadtviertel. Du bist das Reich Gottes, so wie man vor einigen Jahren sagte: »Du bist Deutschland.« Du gehst nicht zur Kirche, du *bist* die Kirche. Dort, wo du Jesus nachfolgst, ist das Reich Gottes. Du stehst dafür. Du repräsentierst es, wenn du nach Gott fragst und seinen Willen tust. Ob du das immer spürst oder nicht.

Wenn ich mir vor Augen male, was das bedeutet, dann möchte ich immer mehr davon sehen. Ich sehne mich nach Menschen, die sich über diese Berufung im Klaren sind: Ich bin Bürger von »Gottes geliebter Zone« und lade andere dazu ein.

Dann wird das deutlich, was ich in den vorigen Kapiteln beschrieben habe. Dann wird Weihnachten praktisch jeden Tag gefeiert, und Jesus zieht in eine Lebenswelt ein, die von ihm noch nie etwas gehört hat. Die Bergpredigt wird gelebt, mit allem, was dazugehört. Menschen hören und erfahren: Gott wünscht dir, dass es dir gut geht.

Menschen begreifen, wie freundlich Gott ist, weil Jesus-Nachfolger als Salz und Licht wahrgenommen werden. Oder sie erleben die Freiheit der Kinder Gottes, weil sie sich geliebt wissen und deswegen nicht mehr jedem gefallen müssen. Denn sie gefallen schon längst ihrem wunderbaren Schöpfer.

Menschen erkennen, wer Jesus ist und was er für sie getan hat. Sie bekommen eine neue Sicht auf ihr Leben. Sie können vieles ordnen und sortieren, weil sie die bedingungslose Liebe, die Jesus schenkt, erleben. Ein Neuanfang!

Wir brauchen Orte, an denen das stattfinden kann. Gerne dürfen es Kirchen sein, aber bitte an Tausenden Orten auf dieser Welt. Nicht nur in Gebäuden, die Kirche heißen. Oder Gemeindezentrum. Oder Kloster. Oder wie auch immer. Keine Angst, ich bin an all diesen Orten sehr gerne. Aber es geht ja hier nicht um mich und nicht um uns, die wir schon dabei sind.

Es geht um Orte, die Firma, Kinderzimmer oder Auto heißen. Schule, Bahnhof und Freibad. Wenn wir beginnen, das zu leben, wovon ich gerade gesprochen habe, dann leben wir eine Reich-Gottes-Kultur, und andere werden erfahren, wie dieser Jesus ist. Wir fangen an, das umzusetzen, was Jesus sich wünscht. Und dann ist es nahe herbeigekommen, das Reich Gottes. Dann bildet sich »Gottes geliebte Zone«.

Gottes geliebte Zone! Ein Ort, an dem Gottes Liebe spürbar wird. An dem sich Gott verherrlicht und ich nur staunend danebenstehen und Halleluja rufen kann.

Ich hoffe, du erlebst genau solche Momente immer wieder und ermöglichst es vielen anderen Menschen auch.

11. UND WAS MACHST DU EIGENTLICH BERUFLICH? – Wenn aus Beruf Berufung wird und das Königreich Gottes in meinem Leben sichtbar wird

Ich finde, unser Beruf sagt ganz viel über uns aus. Der Job ist ja normalerweise die Sache, der wir am meisten Zeit widmen. Auch die Vorbereitung auf unseren beruflichen Werdegang kostet viel Zeit, und die Frage, die ich mir manchmal gestellt habe, ist: Lohnt sich das? Lohnt sich das überhaupt, weil man sich später ja doch oft wieder anders entscheidet?

Ich durfte ja Theologie studieren, und die Frage, ob Pfarrer-Sein tatsächlich das richtige Berufsziel ist, haben sich manche meiner Kommilitonen erst sehr spät gestellt. Einige leider auch zu spät, als sie dann gemerkt haben, dass sie zwar Diplom-Theologe sind, sich aber nicht für den Job einer Pfarrerin oder eines Pfarrers geeignet sehen. Da die wissenschaftliche Laufbahn auch nicht für jeden der richtige Weg ist, ergibt sich daraus ein ziemliches Dilemma.

Theologie studiert man nämlich gut und gerne acht Jahre. Und während dieser Zeit sollte man sich unbedingt Folgendes fragen: Was ist meine Berufung? Wo ist mein Platz? Wer bin ich überhaupt? Die Antworten auf diese Fragen beeinflussen unser weiteres Leben im hohen Maße, und es macht mich geradezu wütend, wenn dies in der Ausbildung nicht geklärt wird.

Umso schöner finde ich es, wenn ich Menschen begegne, die offenbar genau wissen, was sie wollen. Die stechen oft aus der großen Masse heraus, weil sie das, was sie tun, mit Leidenschaft und Freude machen. Keine Angst – wenn jemand aus reinem Pflichtbewusstsein seiner Arbeit nachgeht, heißt das nicht, dass er dabei nicht in seiner Berufung wäre. Ich finde es nur einen großen Verlust, diese Fragen nicht von vornherein zu stellen. Sie tauchen oft erst auf, wenn man in eine Krise gerät. Aber das ließe sich meiner Meinung nach vermeiden.

MEINE BERUFUNG

Mir ist durchaus bewusst, dass »Berufung« auch ein gefährliches Wort ist. Redet jemand darüber, hat er sofort meine Aufmerksamkeit! Das liegt vielleicht auch an meiner eigenen Berufung sowie daran, dass dieses Thema in meiner Branche sehr umstritten ist. An dieser Stelle möchte ich gerne noch ein bisschen mehr von mir erzählen:

Ich habe es ja ganz zu Beginn schon gesagt, dass ich fromm groß geworden bin. So richtig fromm. Frommer geht es eigentlich nicht. Und gerade wenn man aus solch einem Umfeld kommt, ist dieses Thema extrem wichtig.

Manche sagten früher immer zu mir, dass ich unbedingt Theologie studieren sollte. Andere meinten, gerade weil diese Berufswahl für mich so naheliegend wäre, sollte ich erst mal einen anderen Weg einschlagen. Wieder andere meinten, ich könnte doch in die ehrenamtlichen Fußstapfen meines Vaters oder meines Onkels treten, die in der christlichen Szene gar keine so kleinen Hausnummern sind – in Sachsen, aber auch darüber hinaus.

Das Thema Berufung hat in meiner Familie die große Überschrift: »Die größte Not der Kirche sind ihre vielen unberufenen Diener.« So einer wollte ich nicht werden, also ein Unberufener. Aber ein Diener schon. Es war kein einfacher Weg, den ich gewählt habe. Ganz ehrlich, ich finde es wunderbar, dass ich ihn so gehen konnte, und schätze es ungemein, dass er hinterfragt wurde.

Wenn ich von einer reinen »Bestätigungskultur« geprägt worden wäre, dann würde ich heute dieses Buch wahrscheinlich nicht schreiben. Denn ich wäre inzwischen nicht so geübt darin, manche Stolpersteine und Hürden zu überwinden. Deshalb bin ich heute echt dankbar.

Aber auch damals überlegte ich mir das sehr gut, prüfte es und bekam für mich mein »Ja« von Gott. Hätte ich das damals nicht gehabt, wäre es eine Vollkatastrophe geworden. Höchstwahrscheinlich. Dann wäre ich Religionslehrer oder Sportjournalist geworden. Oder wie meine Opas entweder Fleischer oder Orthopädie-Schuhmacher. Oder Buchhändler wie meine Eltern. Das wären alles keine schlechten Optionen gewesen. Nur eben nicht meine.

Stattdessen berief Gott mich klar und deutlich zu einem Weg als Pfarrer oder Pastor. Als ich mich am Ende der Realschule im Jobcenter informierte, war mir schnell klar: Erst noch Abitur, und dann werde ich »Berufschrist«.

Damals lag mein Fokus allerdings mehr darauf, Gemeindepädagogik zu studieren, um als Jugendmitarbeiter irgendwo mitzuarbeiten. Aber wie sagte mal jemand zu mir: »Pfarrer werden reif,

Jugendmitarbeiter alt.« Das habe ich mir gemerkt, auch wenn ich einige Jugendmitarbeiter kenne, die genau an der richtigen Stelle sind, obwohl sie schon etwas älter sind. Aber für mich persönlich konnte ich das nicht sehen.

So habe ich mich also nach längerem Überlegen und Gebet, nach vielen Gesprächen mit Menschen, die mich gut kannten, dafür entschieden, Theologie zu studieren. Und das Ziel war klar: Ich wollte Pfarrer werden!

Ich mag die wissenschaftliche Theologie. Ich bin bewusst an die Uni gegangen und war nicht auf einer Bibelschule oder einer anderen theologischen Ausbildungsstätte. Und ich habe es genossen! Auch wenn ich gemerkt habe: Promovieren wäre nicht mein Ding. Zum Lehren hätte ich richtig Lust gehabt, aber zum Forschen? Nein, danke.

Stattdessen war mir stets klar: Ich will Gemeinde bauen. Daraus wurde in den letzten Jahren, dass ich nicht nur Gemeinde, sondern Reich Gottes auf Erden erleben möchte. Nicht selten habe ich zu Freunden gesagt, dass, wenn man BWL studieren müsste, um Pfarrer zu werden, ich eben das machen würde. Mir war der Weg wirklich zweitrangig. Ich wollte Reich Gottes bauen und Kirche von morgen gestalten. Erst in der Landeskirche, und als sich mein Ruf später so spezifizierte, eben im freikirchlichen Sektor.

Dabei liebe ich meine lutherische Landeskirche bis heute und bin dankbar für den reichen Schatz, den ich mitnehmen durfte. Aber ich bin auch unfassbar froh, in aller Freiheit Kirche bauen zu dürfen und mich weniger an Strukturen abzuarbeiten. Das ist auch ein Teil meiner Berufung.

So habe ich also für mich festgestellt, wie mein Weg aussieht. Es ist *mein* Weg. Nicht deiner. Nicht der, den jeder Theologe genauso zu gehen hat. Ich finde meinen Weg nicht besser als andere. Aber es ist meine Berufung. Hätte ich die nicht gehabt, wäre ich gescheitert.

Ich musste während des Studiums viele Hindernisse (die oftmals mit alten Sprachen zu tun hatten) aus dem Weg räumen, und ich war mehrmals kurz davor, alles sein zu lassen. Aufzuhören. Einen Schlussstrich zu ziehen und etwas anderes zu tun.

Aber ich weiß auch, dass Gott mir in diesem Moment Wegbegleiter an die Seite stellte, die mich in meiner Berufung bestärkten. Was bin ich denen und Gott dankbar, dass ich heute nicht nur einen Ruf zum freikirchlichen Pastor, sondern auch für Halle habe! Für diese graue Lady, die langsam ihr altes Kleid auszieht und sich zu einer wunderschönen Balldame mausert. Auch wenn bekannt ist, dass ihr »geistliches Fahrwasser«, wie man das manchmal beschreibt, recht niedrig ist.

Aber vielleicht bin ich genau deswegen gerne hier und habe diesen Ruf bekommen. Gott hat ihn so oft bestätigt, und ich freue mich, in der Salzstadt Salz und Licht zu sein.

Jetzt habe ich dir einen kleinen Einblick in meine Berufung gegeben. Manches hat sich im Lauf der Zeit verändert, aber die grobe Richtung war eigentlich klar. Natürlich überlege ich immer wieder von Neuem, wie es weitergeht. Aber ich habe eine Orientierung und ein Ziel. Wie ist das bei dir? Hast du deine persönliche Berufung schon gefunden?

Ich bin felsenfest davon überzeugt, dass jeder Mensch eine Berufung hat. Vielleicht helfen noch ein paar Synonyme, die dies verdeutlichen: Jeder hat eine Vision, Ziele, einen Herzschlag, ein Thema, das ihm keine Ruhe lässt, vielleicht sogar einen heiligen Zorn wegen Verhältnissen, die einfach nur schrecklich sind. Manchmal kann es auch einfach eine Gabe oder ein Talent sein, das dir klarmacht: Hier gehst du völlig auf. Ich glaube, jeder hat so etwas. Tatsächlich. Das darf sich übrigens auch mal ändern und hängt ganz oft auch mit unseren jeweiligen Lebensumständen zusammen.

Und wie findet man nun heraus, was es ist? Auch da gibt es kein Patentrezept. Beziehungsweise: Es gibt richtig viele Patentrezepte. Auf dem christlichen Markt häufen sich die Bücher zu diesem Thema. Teilweise betreffen sie auch die Bereiche Leiterschaft oder christliches Engagement.

Dort wird dir vielleicht empfohlen, die zehn Begriffe aufzuschreiben, die dir am wichtigsten sind. Oder es heißt, du müsstest mit einer konkreten Not konfrontiert werden, um dein Thema zu finden. Du müsstest ein Bild von der Zukunft in dir haben, das Sehnsucht und Leidenschaft weckt.

Es gibt sicherlich viel bessere Bücher, als ich jemals dazu schreiben könnte. Wenn du noch gar nicht weißt, wohin dein Weg gehen könnte, kann es sicherlich nicht schaden, dass du das ein oder andere Buch durchliest. Ich wünsche dir jedenfalls von Herzen, dass du *dein* Thema findest. Denn ich möchte jetzt mal überlegen, wie wir mit unserer persönlichen Berufung umgehen können, und da komme ich doch glatt mit Jesus um die Ecke.

DER UMGANG MIT UNSEREN TALENTEN

Es gibt ein Gleichnis, in dem in der Lutherbibel Pfunde erwähnt werden. Nicht die, die ich zu viel an mir habe, sondern die, mit denen man etwas anfangen kann. Es geht um eine frühere Währung, die auch als »Talent« bezeichnet wurde. Mit diesem Begriff verbinden wir natürlich etwas anderes, und das passt sogar:

Es ist wie bei einem Mann, der vorhatte, in ein anderes Land zu reisen. Er rief seine Diener zu sich und vertraute ihnen sein Vermögen an. Einem gab er fünf Talente, einem anderen zwei und wieder einem anderen eines – jedem seinen Fähigkeiten entsprechend. Dann reiste er ab.
Der Diener, der fünf Talente bekommen hatte, begann sofort, mit dem Geld zu arbeiten, und gewann fünf weitere dazu. Ebenso gewann der, der zwei Talente bekommen hatte, zwei weitere dazu. Der aber, der nur ein Talent bekommen hatte, grub ein Loch in die Erde und versteckte das Geld seines Herrn.
Nach langer Zeit kehrte der Herr zurück und forderte seine Diener auf, mit ihm abzurechnen. Zuerst kam der, der fünf Talente erhalten hatte. Er brachte die anderen fünf Talente mit und sagte: ›Herr, fünf Talente hast du mir gegeben; diese fünf hier habe ich dazugewonnen.‹
›Sehr gut‹, erwiderte der Herr, ›du bist ein tüchtiger und treuer Diener. Du bist mit dem wenigen treu umgegangen, darum will ich dir viel anvertrauen. Komm herein zum Freudenfest deines Herrn!‹
Dann kam der, der zwei Talente erhalten hatte. ›Herr‹, sagte er, ›zwei Talente hast du mir gegeben; hier sind die zwei, die ich dazugewonnen habe.‹
›Sehr gut‹, erwiderte der Herr, ›du bist ein tüchtiger und treuer Diener. Du bist mit dem wenigen treu umgegangen, darum will ich dir viel anvertrauen. Komm herein zum Freudenfest deines Herrn!‹
Zuletzt kam auch der, der ein Talent bekommen hatte. ›Herr‹, sagte er, ›ich wusste, dass du ein harter Mann bist.

Du erntest, wo du nicht gesät hast, und sammelst ein, wo du nicht ausgestreut hast. Deshalb hatte ich Angst und vergrub dein Talent in der Erde. Hier hast du zurück, was dir gehört.‹

Da gab ihm sein Herr zur Antwort: ›Du böser und fauler Mensch! Du hast also gewusst, dass ich ernte, wo ich nicht gesät habe, und einsammle, wo ich nicht ausgestreut habe. Da hättest du mein Geld doch wenigstens zur Bank bringen können; dann hätte ich es bei meiner Rückkehr mit Zinsen zurückbekommen.‹

›Nehmt ihm das Talent weg und gebt es dem, der die zehn Talente hat! Denn jedem, der hat, wird gegeben, und er wird im Überfluss haben; wer aber nicht hat, dem wird auch das genommen, was er hat. Doch diesen unnützen Diener werft in die Finsternis hinaus, dorthin, wo es nichts gibt als lautes Jammern und angstvolles Zittern und Beben.‹

Matthäus 25,14-30; NGÜ

Beim Thema Berufung ist es doch ganz ähnlich: Ich glaube, es gibt viele Leute, die haben längst eine konkrete Berufung, verstecken sie aber. Meistens suchen sich dafür eine sehr gute Ausrede und nehmen vermeintliche Hindernisse wichtiger, als sie in Wirklichkeit sind.

Ich nenne mal ein albernes Beispiel, das dies aber gut demonstriert: Stell dir vor, du hast die Fitness und alle sonstigen körperlichen Voraussetzungen, um einen Marathon zu laufen, leidest aber unter der Angst zu versagen. Du hast also eine Blockade im

Kopf. Dieser Angst willst du dich nicht stellen, und anstatt an der Ziellinie zu starten, redest du dir ein: Die Sonne blendet, die Strecke ist blöd und meine Schnürsenkel sind offen. Dabei wäre es deine Berufung, einfach zu laufen.

Ich denke, beim Thema Berufung, und auch beim Reich Gottes allgemein, gibt es viele Gründe, passiv zu bleiben. Manche sind einleuchtend, andere weniger. Es bedarf manchmal einiger Überwindung und auch großer Geduld, weil sich die gewünschten Ergebnisse vielleicht nicht sofort einstellen.

Ich finde aber, dass wir es Gott und unserem Umfeld schuldig sind, dass wir unseren Part übernehmen und uns für ihn und sein Königreich einsetzen. Gut, schuldig ist ein starkes Wort. Wir können Gott, die Menschen, die wir lieben, und diese ganze Welt bereichern! Bist du dazu bereit? Oder möchtest du lieber dein Talent einbuddeln, damit es auch ja niemand kritisieren kann?

Jeder ist begabt. Jeder hat eine Berufung. Warum solltest du also keine haben? Setz sie ein für das Reich Gottes. Ich glaube, einen besseren Ort wirst du dafür nicht finden.

Ich weiß, das ist nicht einfach. Möglicherweise lebst du in einem Umfeld, das dich weder fördert noch ermutigt.

Aber ich glaube an einen Gott, der dich persönlich meint und mit dir ganz persönlich sein Königreich bauen möchte. Und deswegen wäre es ein guter erster Schritt, ihn zu bitten: »Herr, zeig mir meine Berufung, mein Talent, meine Pfunde, die du in mein Leben hineingelegt hast.«

Wenn dir längst klar ist, wie deine Berufung aussieht, und du sie bisher erfolgreich unterdrückt hast, dann bete doch so was wie: »Herr, ich will dein Diener sein. Bitte hilf mir, meiner Berufung entsprechend zu leben.« Das betest du einfach immer wieder. Morgens, mittags und abends. Ich glaube, deine anschließenden Beobachtungen werden dich überraschen.

Und ja, auch das kann das Ergebnis eines »Berufungsprozesses« sein, dass du merkst: »Ich bin schon längst an der richtigen Stelle.« Nur wirst du zukünftig anders mit deiner Situation umgehen, wenn du weißt, dass Gott dich wirklich hier hingestellt hat.

Gott sieht die ganze Welt, und er will jeden einzelnen Bereich verändern. Das glaube ich von ganzem Herzen.

WELCHER BEREICH FASZINIERT DICH AM MEISTEN?

Apropos Bereiche: Es gibt verschiedene Modelle, die uns erklären sollen, wie die Welt so tickt. Die Soziologie beschreibt beispielsweise, wie sich unsere Gesellschaft aufbaut. Manchmal nennt sie dazu vier, manchmal neun verschiedene Bereiche. Ich möchte dir heute ein – meiner Meinung nach – revolutionäres Modell vorstellen, nämlich das Modell der Stadtreformer. Dort werden acht Gesellschaftsbereiche genannt, und ein Blick in diese Bereiche kann äußerst hilfreich sein. [17]

Die Begriffe am äußersten Rand zeigen schon mal auf, worum es geht: Es geht um Gesundheit. Ich denke gesund, lebe gesund und produziere gesund. Zentraler Ausgangspunkt dafür ist eine gesunde Spiritualität. Heißt: Leib, Seele und Geist sind auf diese Weise miteinander vereint. Jeder Bereich steht also für sich, und doch hängen alle zusammen.

| Bildung und Erziehung | Politik und Staat | Wirtschaft und Finanzen | Soziales und Gesundheit |
| Kirche und Gemeinde | Kunst und Kultur | Sport | Medien |

Ich weiß nicht, wo du dich am ehesten zuordnen würdest, aber ich habe die kühne Idee, dass alle Bereiche »Reich-Gottes-mäßig« durchdrungen sein sollten. Wir können ja noch weiter gehen: Ich denke, dass an irgendeiner Stelle genau dein Platz ist. Vielleicht schlägt dein Herz ja schon längst für eines dieser Themen.

Ich nehme mich selbst jetzt wieder mal als Beispiel: Ich bin Pastor und würde mich berufstechnisch also in der Mitte sehen. Ich hoffe, wir bauen Reich Gottes in unseren Gemeinden und die Kirchen sind Orte gesunder Spiritualität. Wie dieses Modell zeigt, ist eine gesunde Spiritualität die Basis für alle übrigen Bereiche, auch wenn viele Leute ihren Erfolg vielleicht gar nicht dort verankern würden.

Ich habe aber auch ein Herz für Sport und Kultur. Beides sind Bereiche, in denen ich mich gerne engagiere, über die ich mich regelmäßig informiere, in denen ich aktiv war oder bin. »Irgendwas mit Medien« wäre bei mir ein weiterer Punkt. Nicht viel, aber doch ein bisschen. Außerdem interessiere ich mich sehr für Politik.

Mit manchen Themen beschäftige ich mich weniger, aber ich möchte selbstverständlich trotzdem, dass sie gut funktionieren. Beispielsweise Finanzen, Bildung und Gesundheit. So könnte man immer weiterdenken. Aber ich möchte das Ganze jetzt nicht zu lange ausdehnen, sondern dich einfach fragen: Wo siehst du am ehesten deinen Platz?

Vielleicht im Bereich Medien? Machen wir uns nichts vor – in diesem Bereich hinken wir Christen ziemlich dem Zeitgeist und unseren Möglichkeiten hinterher. Corona sei Dank haben einige Gemeinden immerhin schon einen eigenen YouTube-Kanal. Aber ganz insgesamt würde ich sagen, dass die Kirche hier noch ein enormes Entfaltungspotenzial hat.

Das bedeutet aber nicht, dass es in diesem Bereich keine tollen, kreativen Christen gäbe, die auf geniale Weise aktiv sind. Manche schaffen Content, also Inhalte, für Social Media, um eine positive Alternative zu bilden. Die sind weder in der »Fundi-Ecke« noch »christlich-peinlich«, sondern einfach nur gut. Ob das ein Podcast ist, ob es Videos, Bilder, Texte sind – hier könnte man viele Namen nennen, die mich immer wieder begeistern.

Auf ein Projekt will ich mal hinweisen, das weniger bekannt ist. Nämlich auf KeineinsamerBaum.org[18]. Gut, der Name mag nicht so »catchy« sein, aber die Idee dahinter finde ich wunderbar. Im Blog-Stil werden viele gute Dinge produziert und dann in die Social-Media-Welt hinausgesendet. Sicherlich trifft nicht alles meinen Geschmack, aber es stimmt, dass es, Zitat vom Gründer, »So viel Mist im Internet gibt!«, dass wir eben auch gute Inhalte brauchen. Im Bereich TV, Radio, Print etc. würde man sicherlich auch noch einige inspirierende Menschen und Projekte finden. Da das hier aber lediglich ein Appetithappen sein soll, belasse ich es mal dabei.

Ein anderer Bereich, den man nennen könnte, wäre Kunst und Kultur. Dazu mal ein kurzer Auszug aus der Bibel: »So sollen denn arbeiten Bezalel und Oholiab und alle kundigen Männer, denen der Herr Weisheit und Verstand gegeben hat zu wissen, wie sie alle Arbeit ausführen sollen zum Dienst des Heiligtums, ganz nach dem Gebot des Herrn« (2. Mose 36,1; LUT).

Ich finde das unfassbar stark: Gott beruft Kunsthandwerker und Künstler dazu, seinen Tempel zu bauen. Damit zeigt er, dass er Kunst und Schönes liebt. Gott liegt die Kunst am Herzen. Dir auch?

Ich bin ehrlich: Bildende Kunst ist nicht ganz mein Metier. Aber dafür Musik! Sie ist eines der größten Geschenke Gottes an die Menschheit. Davon bin ich felsenfest überzeugt.

Ein Freund von mir ist Künstler und hat an der Burg Giebichenstein studiert. Ohne despektierlich zu sein, kann man sie als die unangefochtene Nummer zwei der Kunsthochschulen in Deutschland bezeichnen, nach der Bauhaus-Universität Weimar. Dieser Freund hat eine prophetische Gabe, die auch seinen Blick auf die Kunst beeinflusst. Seine Meinung ist, dass »die Burg« eine Propheten-Schule sei, wo die Studierenden nur noch nicht wissen, dass es Gott gibt.

Ich finde das einen total spannenden Gedanken, weil sich darin das Wirken des Geistes Gottes »auf alles Fleisch« zeigen könnte (vgl. Joel 3,1). Wie genial ist es denn bitte schön, mit Gott am Start zu sein, wenn er Menschen begabt, die das (noch) gar nicht wissen? Wir sollten einfach noch viel stärker »Königreich-Gottes-mäßig« denken, oder nicht?

Zuletzt möchte ich noch einen Bereich nennen, der enorm wichtig ist, nämlich die Politik. Ein Bibelvers, den wir bei unserer Betrachtung der Seligpreisungen schon erwähnt haben, wird in diesem Zusammenhang gerne zitiert: »Suchet der Stadt Bestes, dahin ich euch habe wegführen lassen, und betet für sie zum Herrn; denn wenn's ihr wohlgeht, so geht's euch auch wohl« (Jeremia 29,7; LUT).

Dieser Vers ist richtig stark, denn er enthält die Verheißung, dass unser Wohnort gesegnet wird. Uns wird es gut gehen, wenn wir uns für das Wohl unserer Stadt einsetzen. Ergreifen wir also die Initiative und bringen Gott unsere Stadt? Beten wir für unseren Wohnort, damit sich dort Gottes Kraft entfaltet?

Auf diese Art und Weise könnten wir nun jeden einzelnen Bereich hernehmen, in die Tiefe gehen und anfangen zu staunen. Denn Gott hat ungeahnte Möglichkeiten, die alle unsere Erwartungen übertreffen. Ich wünsche mir, dass du für dich weißt, wo dein Platz sein könnte, und dass du eine noch viel größere, weitere Perspektive bekommst!

Wenn du an dieser Stelle in die Tiefe gehen möchtest, empfehle ich dir das Buch *City Changers* von Alan Platt. Er beschreibt in einzigartiger Form die Vision der weltweiten Bewegung »City Changers«, in der die Stadtreformer der deutsche Ableger ist. Dort lernt man von Gott her über seine Stadt und seinen Wirkungskreis zu träumen. Genial. Und wenn du praktisch werden möchtest, empfehle ich dir die Stadtreformer Workbooks. Dort bekommst du kurze gute Impulse, zum Vertiefen, Weiternachdenken und Umsetzen.[19]

12. Vorstandssitzung –
Die Kirche und das Königreich

Ich weiß nicht, ob du das kennst: Sitzungsmarathon! In meinem Beruf ist es nicht selten, dass ich von morgens bis abends mit vielen lieben, netten Frauen und Männern zusammensitze, um über wichtige und unwichtige Dinge zu reden. Sitzungen sind eigentlich gut, denn hier werden viele wesentliche Sachen besprochen und entschieden. Da gilt das alte Motto: »Wenn du nicht mehr weiterweißt, gründe einen Arbeitskreis.« Aber manchmal ist das auch echt anstrengend.

Da ich auch in verschiedenen Werken und Vereinen mitarbeite, kommt es häufig vor, dass sich die Themen von jetzt auf gleich stark verändern. Zuerst reden wir über die Gottesdienstgestaltung, dann geht es um den Aus- und Umbau der Gemeindestandorte und schließlich noch um den richtigen Umgang mit den »geistlich Armen« in unserer Gemeinde. Oder wir besprechen Anstellungen, rechtliche Fragen oder die Vorbereitung einer Freizeit.

Im vergangenen Jahr durfte ich tatsächlich auch noch eine Stiftung gründen, deshalb werden die Treffen leider eher mehr als weniger. Obwohl es Spaß macht. Obwohl wir wichtige Themen besprechen. Obwohl es sehr liebe Menschen sind, mit denen man sich austauscht, und wichtige Dinge beschlossen werden. Selbst die Snacks sind in der Regel passabel. Aber manchmal wird es mir einfach zu viel.

Die Corona-Pandemie hat das Ganze dann noch weiter erschwert: Alles wurde digital. Gut, mit feinem Hemd und Jogginghose am Schreibtisch zu sitzen, hat auch was für sich, doch irgendwann hat man auch davon genug.

WIE DEFINIERT SICH GEMEINDE?

Sitzungen sind in der Regel nicht die aufregendsten Veranstaltungen. Sie sind wichtig. Sie sind Mittel zum Zweck. Aber gefühlt passiert da gar nicht mal so viel. Witzig ist allerdings, dass im Neuen Testament die Gemeinde genauso genannt wird: eine Sitzung. Eine Versammlung wichtiger Entscheidungsträgerinnen und Entscheidungsträger.

Ja klar, die Gemeinde ist der Leib Christi, die Braut Christi ... Es gibt wirklich sehr viele schöne Bilder im Neuen Testament, die beschreiben, wie oder was Gemeinde ist. Und diese Bilder möchte ich auch gar nicht hinterfragen, sondern vielmehr auf eine bestimmte Sache hinweisen: Das Wort *Ecclesia*, das wir aus dem Altgriechischen mit »Gemeinde« übersetzen, heißt eigentlich »Sitzung«. Es ist ein Begriff, der oft auch für den Stadtrat benutzt wurde. Oder einen Vorstand. Oder sogar ganz allgemein für eine Bürgerversammlung.

Jesus selbst verwendet das Wort *Ecclesia* genau dreimal, und dort wird deutlich, dass die so bezeichnete Gruppe eine besondere Stellung in der Gesellschaft einnimmt. Hier werden wichtige Dinge entschieden, die auch alle Übrigen betreffen. Ich denke, Jesus hätte auch auf andere Wörter zurückgreifen können. Aber er gebraucht dieses.

Nun weißt du sicherlich, dass Jesus Aramäisch gesprochen hat. Bei der hebräischen Entsprechung kommt noch das Wort

»Fest« dazu: Also *cahal* (hebräisch für »Gemeinde«) kann auch »Festgemeinschaft« heißen. Wir kommen zusammen und feiern ein Fest. Eine wilde Sause zur Ehre Gottes. Das ist ebenfalls ein wunderbares Szenario.

Der Apostel Paulus benutzt den Begriff *Ecclesia* noch viel öfter, nämlich circa sechzigmal. Er wäre somit der »bessere« Experte, weil es ihm logischerweise auch viel mehr um dieses Thema ging. Er war ja vernetzt mit vielen Gemeinden im ganzen Mittelmeerraum. Er hat Gemeinden gegründet und begleitet; die meisten seiner Briefe sind daher auch an Gemeinden gerichtet. Und er benutzt kontinuierlich den Begriff *Ecclesia*.

Ich möchte dir die Frage stellen: Nimmst du Kirche als Versammlung aller wahr? Also, mal ernsthaft: Denkst du, dass die Kirche ein Ort für eine »ordnungsmäßig berufene politische Gemeinde« ist? Die zusammengerufene Bürgerschaft? Oder die aus dem Volk herausgerufene, die besonders im Fokus steht?

Ich glaube, wir sollten uns dem Ganzen mal anders nähern. Und zwar, indem wir nicht länger überlegen, wie weit unsere Wahrnehmung von Gemeinde und die ursprüngliche Bezeichnung auseinanderklaffen. Sondern indem wir uns klarmachen, welches Vertrauen Gott uns an dieser Stelle eigentlich ausspricht und welche Chancen wir dadurch erhalten. Ursprünglich war dieser Begriff nicht christlich geprägt, aber er wird von den Christinnen und Christen übernommen. Plötzlich wird aus einem weltlichen ein christlicher Begriff. Und das hat gute Gründe.

Jesus sagt dadurch nämlich: Ihr seid die Sammlung von Menschen, Typen, Biografien, mit allen Schwächen und Stärken, die ich benutzen möchte, um das Reich Gottes zu bauen.

Gemeinde ist dann nicht in erster Linie ein Ort, wie eine Kirche oder ein anderes Gemeindegebäude. Sie hört auch auf, an eine Uhrzeit gekoppelt zu sein, beispielsweise an den Sonntagmorgen.

Wenn man in einer Gemeinde ehrenamtlich mitarbeitet und jeden Sonntag zum Gottesdienst geht, bewegt man sich durchschnittlich vielleicht ungefähr zehn Stunden pro Woche in der Gemeinde. Von insgesamt 168. Ergibt es dann Sinn, sonntagmorgens fröhlich zu singen: »Mein ganzes Leben, gebe ich dir, gebe ich dir ...«? Ein schönes Lied, zweifelsohne, aber Gemeinde darf nicht mit dem Himmel verwechselt werden. Und es muss immer klar sein, dass sie nur ein Teil des Reiches Gottes ist und bleibt.

In der Gemeinde kommen alle »Königreich-Gottes-Bürger« zusammen. Sie beten miteinander, inspirieren sich gegenseitig, richten sich innerlich aus, und dann gehen sie und bauen das Reich Gottes. Einer meiner Ältesten betont immer wieder, dass der Gottesdienst so etwas wie »Training für den Alltag« sein sollte. Das klingt im ersten Moment ganz schön unheilig, oder nicht?

Aber kommen wir noch mal zum Wort *Gemeinde*: Jesus versammelt jeden Sonntag (oder auch an einem anderen Tag) sein Dream-Team und richtet es aufs Reich Gottes aus. Wir sind dann wie die siebzig Jünger, die Jesus einmal ausgesandt hat, um Menschen zu heilen, böse Geister auszutreiben und das Evangelium vom Reich Gottes zu verkündigen. Und Jesus selbst ist mitten unter uns: »Denn wo zwei oder drei versammelt sind in meinem Namen, da bin ich mitten unter ihnen« (Matthäus 18,20; LUT). Dort steht zwar ein anderes Wort, aber es hat eine ähnliche Bedeutung.

KIRCHE ALS SELBSTZWECK?

Gott sitzt also im Regiment, aber er sammelt seine Minister, Diplomaten, Mitarbeiter um sich, um sie zu befähigen, Gesellschaft zu gestalten. Überall.

Ganz ehrlich: So nehme ich keine einzige Gemeinde der Welt wahr. Wir suchen doch allzu oft den heiligen Moment. Das andere. Gemeinde ist doch häufig ein Ort der Flucht, des absoluten »Nicht-Alltags«. Hier wollen wir nicht auch noch etwas Anstrengendes machen – »in unserer Freizeit und im Ehrenamt«. Gemeinde ist ganz oft ein Ort, den viele als Ziel sehen.

Zwar darf die Gemeinde durchaus in der Mitte stehen, wie es auf dem Schaubild der Stadtreformer dargestellt ist. Aber niemals darf sie unser eigentliches Ziel sein! Wir sind nicht fertig mit dieser Welt, wenn wir sonntags zum Gottesdienst gehen. Sondern das sollte nur der Ausgangspunkt sein, an dem wir starten, um das Reich Gottes tatsächlich bauen zu können.

An dieser Stelle tun sich bei mir viele Fragen auf. Zunächst einmal die ganz offensichtliche, warum ich dann überhaupt Gemeindeleiter bin. Und neben einigen anderen schließlich auch die Frage, ob ich Gemeinde überhaupt für wichtig erachte. Tue ich.

Ich schätze Gemeinde als das allerbeste und stärkste Werkzeug, das Gott benutzt, um sein Reich zu bauen und um Menschen zu berufen und zu fördern. In der Gemeinde kann ich lernen, tiefe und gesunde Beziehungen zu leben, Gutes zu lehren, schöne Musik zu machen, Verantwortung zu übernehmen … Oder was auch immer deine Gemeinde mit dir macht. Gemeinde soll ein Wachstumsort sein, so wie das Reich Gottes ja auch auf Wachstum angelegt ist.

Ich bin ein großer Willow-Creek-Fan. Und was in den letzten Jahren dort in Chicago passiert ist, hat mich bis ins Mark getroffen. Sowohl Willow Creek als auch ich haben daraus gelernt: Eine »One-Man-Show« tut keiner Gemeinde gut. Einer unserer Berater sagt immer: »Verträge werden im Frieden geschlossen, müssen aber den Konflikt regeln.« Das gilt auch für Gemeinde- und Leitungsstrukturen. Jede Gemeinde, die nicht so aufgebaut ist, dass jemand verzichtbar ist – ja, auch der Pastor, vielleicht sogar gerade der –, läuft Gefahr, im Falle einer Krise oder beim Ortswechsel eines Leiters selbst in große Krisen zu geraten. Manchmal ist etwas einfach vorbei. Und dann? Was bleibt dann?

Trotz allem hat Willow Creek die Gemeindelandschaft weltweit geprägt wie kaum eine andere Gemeinde in den letzten zwanzig Jahren. Und Bill Hybels, so schlimme Dinge er gemacht hat, so viele weise Dinge hat er gesagt. Wie oft hing ich an seinen Lippen, las seine Bücher und setzte um, was er lehrte. Dabei war mir der wichtige Grundsatz klar, der dafür sorgt, dass Leitungskongresse nicht zu einer Werbeshow, sondern zu einem Lernfeld werden: Kapieren, nicht kopieren! Das ist ein Riesenunterschied!

Die Vision von Willow Creek lautete lange Zeit: »Die Ortsgemeinde ist die Hoffnung für die Welt.« Was für ein Hammersatz. Ich glaube zutiefst, dass dieser Satz mehr denn je stimmt. Und ich höre ihn immer als »Königreich-Gottes-Satz« und nicht als Ende der Fahnenstange. Nur dann ergibt er Sinn. Nur dann entfaltet er sein Potenzial – wenn wir nicht nur auf die eigene Gemeinde schauen und auf die Dienste, die zu erledigen sind, sondern uns wünschen: Die ganze Welt soll sehen, wie gut dieses Königreich Gottes ist.

KIRCHE UND GESELLSCHAFT

Jetzt möchte ich dich mal kurz herausfordern. Stell dir vor, du leitest eine Gemeinde, und ein junger, aufstrebender, sehr begabter und kompetenter Leiter beziehungsweise eine solche Leiterin arbeitet mit dir zusammen. Sie oder er hat nun die Möglichkeit, in einem mittelständischen Unternehmen CEO zu werden. Diese Person hätte dann viele Menschen unter sich, einen guten Verdienst, großen Einfluss und die Aussicht, eines Tages die Leitung einer der größten Firmen deines Ortes zu übernehmen.

Oder sie könnte hauptamtlich in den Gemeindedienst gehen, denn ihr habt als aufstrebende Gemeinde niemanden, der als Geschäftsführer arbeitet beziehungsweise im Büro sitzen könnte. Dir wird es ohnehin zu viel, und es liegt dir nicht, administrative Aufgaben zu übernehmen. Dazu könnte diese Person dann noch eine Leiterschaftsschule aufbauen, um andere Mitarbeiter zu befähigen. Dein Heer aus Ehrenamtlichen wäre nicht nur gut ausgebildet, sondern attraktiv für jeden, der neu dazukommt. Die ganze Sache ließe sich auch noch problemlos finanzieren.

Was wäre dein Wunsch? Ganz ehrlich? Zu welcher Entscheidung würdest du dieser Person raten?

Ich glaube, die Antwort auf diese Frage kann ganz schön entlarvend sein. Mein normaler Reflex wäre nämlich sofort: Fang bei uns in der Gemeinde an!

Aber wäre das wirklich der richtige Ort für diese Person? Wäre es nicht vielleicht noch viel wichtiger, dass sie einen Job »in der Welt« übernimmt, um durch ihren Erfolg Jesus Christus zu bezeugen? Wird ihr so womöglich die Tür geöffnet, um im Wirtschaftssektor Reich-Gottes-Spuren zu hinterlassen?

Selbstverständlich würde ich diese Person keinesfalls dazu drängen, sich so oder so zu entscheiden, logisch. Ich würde ihr vielmehr raten, Gott zu fragen, was er denkt. Mir geht es auch gar nicht darum, was in diesem Fall schließlich passieren würde, sondern um meinen ersten Reflex. Und ich glaube, der wäre bei vielen von uns ähnlich: Kirche und Gemeinde ist doch das Allerwichtigste!

Aber das stimmt nicht. Gottes Reich soll in allen Gesellschaftsbereichen gebaut werden, wie wir ja auch schon im vorigen Kapitel gesehen haben. Und als Gemeinde sollten wir Menschen darin unterstützen, in ihrem jeweiligen Umfeld gute Beziehungen und Netzwerke aufzubauen und einen positiven Einfluss auszuüben.

Eine Zeit lang haben wir in unserem Gottesdienst immer wieder Menschen auf die Bühne geholt und sie gefragt, was sie am Montag machen. Daraufhin konnten sie uns drei bis fünf Minuten lang von ihrer Arbeit berichten.

Das hatte mehrere großartige Effekte: Erstens haben wir diese Menschen besser kennengelernt, weil wir uns ein Bild von ihrer Tätigkeit machen konnten. Zweitens wurde allen, die es hörten, bewusst, wo in unserer Stadt überall das Königreich Gottes gebaut wird. Menschen aus derselben Branche konnten sich miteinander vernetzen. Und drittens haben wir als Gemeinde dann gleich anschließend für diese Menschen gebetet. Dadurch haben wir sie bewusst ausgesendet, um an ihrem Arbeitsplatz Salz und Licht zu sein.

Eine absolute Win-win-Situation, und ganz ehrlich: Ich kann das jeder Gemeinde empfehlen. Es kostet kaum Zeit, hat aber bei uns einen unfassbaren Segen entfaltet.

So fängt Gemeinde an, Alltagsbegleiterin zu werden. Von der Herausgerufenen wandelt sie sich zur Hineinrufenden. Und das kann eine unglaubliche Schönheit und Stärke freisetzen.

Es schärft auch den Blick über unseren Tellerrand hinaus, und das bringt mich zu einem weiteren Szenario. Stell dir vor, deine Gemeinde müsste morgen aus irgendwelchen Gründen schließen – würde es jemand in deiner Stadt, im Dorf oder darüber hinaus mitbekommen? Wer, außer euch selbst, würde es merken, wenn sonntags keine Gottesdienste mehr gefeiert werden, keine Kinderkirche mehr stattfindet oder eure Hauskreise sich nicht mehr treffen?

Ich weiß, das ist eine fiese und provokante Frage. Aber wenn wir sie nicht positiv beantworten können, ist das fatal. Dann haben wir als Gemeinde unser Ziel verfehlt. Und ich könnte jetzt noch einmal darauf hinweisen, dass die Bibel Zielverfehlung auch als Sünde bezeichnet. Aber das lasse ich mal an dieser Stelle.

Ich denke, dass die größte Gefahr für Kirchen und Gemeinden in unserer heutigen Zeit darin besteht, dass wir uns nur um uns selbst drehen. Wir denken an unsere Veranstaltungen, unsere Bedürfnisse, unsere Pläne. An unsere eigenen Mitglieder und nicht an die Menschen um uns herum. Das ist zumindest oft meine Wahrnehmung.

Es gibt da sicherlich einige Ausnahmen. Aber einzelne Leuchttürme dürfen nicht darüber hinwegtäuschen, dass es dunkel ist. Und das sollte uns zu denken geben.

Unser Gründungspastor hat mal einen guten Vergleich gebraucht. Er meinte, wir Kirchenfreunde seien echt gut darin, unseren Dünger, das, was gute Frucht hervorbringt, auf einen Haufen zu werfen. Wir schreiben dann »Megachurch« oder irgendwas wie »Kirche in, für oder an … Neustadt« darauf. Das Problem ist, dass ein großer Haufen Dünger am Ende nichts anderes ist als ein großer Haufen Sch… Er stinkt zum Himmel und raubt anderen das Sonnenlicht. Erst wenn man diesen Dünger von der Stelle bewegt und auf einem Feld verteilt, wird er wirklich nützlich. Dann entsteht etwas Neues – es können neue Pflanzen wachsen.

Ich erwische mich selbst ganz oft dabei, wie ich die bestehenden Dienste in meiner Gemeinde noch weiter fülle, anstatt das Gute, das ich von Gott bekommen habe, für alle bereitzustellen.

Ich glaube, es wird Zeit, dass wir unseren himmlisch guten Dünger tatsächlich in dieser Welt verteilen. Dass wir nicht länger die Augen schließen, sondern unseren Blick auf die Felder richten, auf denen wir gebraucht werden.

In unserer Gemeinde haben wir das so formuliert: Wir wünschen uns »eine von Jesus geprägte Welt«. Uns ist völlig klar, dass wir das auf dieser Erde niemals in Vollendung erleben werden. Aber wir wollen dafür unterwegs sein, dafür beten und uns als ganze Gemeinde dafür einsetzen.

Eine Welt, die nach Gottes Maßstäben lebt – das wünschen wir uns. Wir wollen gerne sehen, wie Jesus in den verschiedenen Bereichen unseres Lebens wirkt. Am liebsten in allen. Überall, so ist unser Gebet, wollen wir erleben, wie Jesus einzelne Personen und dadurch auch ihr Umfeld verändert. Wie Menschen in ihm verwurzelt werden, eine enge Beziehung mit ihm haben und aus dieser heraus ihr Leben gestalten.

Was denkst du – welche Strategie wäre dafür am geeignetsten? Wie können wir Gottes Einfluss in dieser Welt stärken? Wie können wir es schaffen, dass in unserer Heimatstadt, in unserem

Land, auf der Arbeit, in der Schule, in der Familie und auch auf dem Sportplatz Gottes Größe sichtbar wird?

Ich denke, das geschieht dadurch, dass Gott jeden Bereich in unserem ganz persönlichen und manchmal so unscheinbar wirkenden Leben regiert. Kleine Ursache – große Wirkung.

In diesem Zusammenhang dürfen wir uns auch neu bewusst machen, dass Kirche – oder die Gemeinde oder der Leib Christi – immer schon die Gesellschaft geprägt hat. Über die »negative« Kirchengeschichte wissen wir oft bestens Bescheid. Aber es ist sehr schade, dass die positive Kirchengeschichte oftmals hinten runterfällt. Denn schon im Römischen Reich standen Christen, die damals noch »der Weg« genannt wurden, für Nächstenliebe. Sie setzten sich für die Kranken und Schwachen der Gesellschaft ein. Sie hatten ein Herz für Kinder!

Auch in den folgenden Jahrhunderten waren Christen im Schulwesen tätig, haben sich um Arme gekümmert und auf soziale Missstände hingewiesen. Mich begeistert das. Lasst uns so eine Gemeinde sein und diese Kirchengeschichte weiterschreiben! Denn: Gottes Reich inmitten von Unordnung als ein Reich der Gerechtigkeit und des Friedens aufzurichten – das ist der prophetische Auftrag der Kirche. Bist du dabei?

13. Die »Offen-Bar« — Wie aus dem »Noch nicht« das »Für alle Ewigkeit« wird

Es gibt sie wie Sand am Meer: Läden, Gaststätten, Friseursalons, die sich einen originellen Namen heraussuchen, der einem ein kleines Lächeln aufs Gesicht zaubern soll. Ich habe Beispiele aus meiner direkten Hallenser Umgebung mitgebracht, die zeigen, was ich meine:

3 Zimmer, Küche, Bar. Ist bei mir um die Ecke. Ist schön dort. Anspielung verstanden. Oder der *Burger-Service*. Witzig. Dort kann ich den Problemburger kaufen. Oder den Volksburger. Auch verstanden. *Don't worry, be curry*. Ein legendärer Laden in Halle. Was sie servieren, schmeckt auch gut.

Den Vogel abgeschossen hat jedoch letztens ein Geschäft, das ich so abgefahren finde, dass ich es nicht glauben konnte. Es ist *nicht* in Halle. Wie man auf die Idee kommen kann, seinen Laden so zu nennen, weiß ich nicht. Dazu braucht es anscheinend nur ein schnittiges Gewerbe, einen biblischen Vornamen, und schwuppdiwupp bist du im Friseursalon *Rebecc-Haar*. Kannst du dir nicht ausdenken!

Falls *ich* mal eine Bar aufmachen würde, in der ich gerne sitzen will, schön mit Bierchen oder Gin Tonic oder einer alkoholfreien Himbeerlimonade, dann würde ich sie *Offen-Bar* nennen. Der Name müsste auf einen »Open-Air-Charakter« hinweisen, ohne feste Begrenzung. Am besten auch ohne Zapfenstreich und dafür mit einem bunten musikalischen Gewand. Mit viel Platz und Raum zum Gestalten. Wenn ich ganz konkrete Wünsche äußern könnte, sollte es eine Jamsession-Zone geben, wo man ganz spontan mit anderen Musikern eine Runde Funk spielen könnte. Irgendwie so. Eine »Offen(e)-Bar«, in der einem Dinge eröffnet werden.

Gut, genug mit dem Bargewerbe, worauf ich eigentlich hinauswill, ist nicht diese hypothetische *Offen-Bar*, sondern die Offenbarung. Sie ist das letzte Buch der Bibel und für viele Leute ist sie ein rotes Tuch. Ihnen würde nichts fehlen, wenn dieses Buch nicht zum biblischen Kanon gehören würde. Die krassen, brutalen Bilder, die dort gemalt werden, müsste man sich nicht geben, finden sie. Lieber bleibt man davon unberührt und hofft, dass es einfach nicht so kommt wie dort beschrieben.

Tatsächlich verstehe ich die Leute, die genau so über dieses Buch urteilen, sehr gut. Ich bin kein »Endzeit-Experte«, der sich extrem viel mit diesem Thema auseinandersetzen würde. Und kein Fan der *Finale*-Reihe, auch wenn die bestimmt superspannend ist. Manche Themen machen mir tatsächlich Angst, und das mit der Entrückung verleitet mich manchmal leider sogar zu schlechten Witzen.

Ich weiß von Menschen, die als Kinder panische Angst davor hatten, dass die Entrückung ohne sie stattfinden könnte und sie allein übrig bleiben würden. Als Einzige. Diese Vorstellung kann einen echt zum Zähneklappern bringen, und ich begreife wirklich, warum die Offenbarung für manche eher ein traumatisches denn ein traumhaftes Bild zeichnet.

Aber es ist und bleibt ein wichtiges Thema, vor allem, weil wir uns in Bezug auf das Reich Gottes bisher hauptsächlich mit dem »Schon jetzt« beschäftigt haben. Nun schauen wir uns also das »Noch nicht« mal etwas genauer an, wobei ich ja gerade schon gesagt habe, dass ich mich nicht zu den Offenbarungsexperten zählen würde.

Allerdings hätte ich fast mal Blut geleckt, nämlich als ein Professor für Neues Testament meinte, dass es mal einer wissenschaftlichen Betrachtung bedürfe, die sich mit Folgendem befasst: Wie weit unterscheiden sich die biblischen Berichte von dem, was die christliche Belletristik daraus gemacht hat? Klingt interessant, oder? Womöglich hätte es sich ja vermeiden lassen, dass Kinder Angst vor der Entrückung haben?

Einige Teile der Offenbarung mag ich sehr und mit denen möchte ich mich gerne befassen. Welche Posaune zu welchem geschichtlichen Ereignis gehört – da halte ich mich freundlich zurück, aber einiges lässt mich staunen.

Zum Beispiel sind die sieben Sendschreiben richtige Perlen für die heutigen Gemeinden, finde ich. Einer meiner Lieblingsverse seit Teenagertagen ist folgender, der an die Gemeinde in Laodizea gerichtet war: »Ich kenne deine Werke, dass du weder kalt noch warm bist. Ach dass du kalt oder warm wärest! Weil du aber lau bist und weder warm noch kalt, werde ich dich ausspeien aus meinem Munde« (Offenbarung 3,15-16; LUT).

Zack! Radikal! Heiß oder kalt. Natürlich haben wir aus dem »ausspeien« damals ein »auskotzen« gemacht. Wie gesagt, Teenagerzeit. Aber dass der Vers eine bestimmte Gemeinde so krass herausfordert, finde ich genial. Gemeinde muss auch radikal sein. Das denke ich nach wie vor. Sie sollte sich radikal für Frieden, Freude und Gerechtigkeit im Heiligen Geist einsetzen. Hundertprozentig!

Nach den Sendschreiben beginnen die für mich herausfordernden Texte. Warum? Das hat viele Gründe. Beispielsweise finde ich es etwas verwirrend, welches Siegel mit welchem Reiter zusammen-hängt und was jeweils passiert, wenn eine der sechs Posaunen gebla-sen wird. Die Grundmessage ist oftmals etwas düster.

Aber zwischendrin erkenne ich richtige Highlights, und je öfter ich dieses Buch lese, desto besser begreife ich, weshalb sich viele christliche Lobpreis-Songwriter damit befassen. Jesus wird uns hier als das Lamm dargestellt. Das ist ein sehr eindrückliches Bild: Jesus, das Opferlamm Gottes.

Ob jener Johannes, der auf Patmos diese besondere Vision hatte, der Jünger Jesu war und deshalb auch für das Johannes-evangelium verantwortlich ist – darüber sollen sich die Experten streiten. Der Jünger Johannes bekam jedenfalls den Auftrag, am Abend vor dem Tod Jesu das Passahmahl vorzubereiten. Dazu musste er zum Tempelvorplatz gehen, ein geschlachtetes Lamm kaufen und es zubereiten.

Wenn er nun in der Offenbarung von Jesus als Gottes Opfer-lamm spricht, dann könnte er sich genau an diese Begebenheit erinnern: Jesus wird, wie ein Lamm, am Kreuz geschlachtet und stirbt.

GRUND ZUR HOFFNUNG

Etwas, was mir dieses Buch auch ganz deutlich zeigt, ist Folgendes: Das Böse, konkret sogar *der* Böse, hat verloren. Über ihn wird am Ende gesagt: »Und der Teufel, der sie verführte, wurde geworfen in den Pfuhl von Feuer und Schwefel, wo auch das Tier und der falsche Prophet waren; und sie werden gequält werden Tag und Nacht, von Ewigkeit zu Ewigkeit« (Offenbarung 20,10; LUT).

So ungern ich mich mit manchen Passagen der Offenbarung auseinandersetze, so wichtig finde ich diese Botschaft. Ich weiß, manche können mit dem ganzen Satans- beziehungsweise Teufelsthema einfach nichts anfangen. In diesem Buch wird das richtig krass beschrieben. Deswegen finden es vielleicht auch viele so schwierig.

Aber konzentrieren wir uns doch mal auf die eigentliche Botschaft, denn sie ist und bleibt eine gute: Das Böse, Schlechte, Schlimme hat eines Tages ein Ende. Das ist ein entscheidender Aspekt von Gottes Reich. Und zwar auch bei allem, was das »Schon jetzt« betrifft. Denn nur dann, wenn mir das klar ist, weiß ich, wohin es geht! Wir gehen auf Gottes neue Schöpfung zu!

Wie genau diese neue Schöpfung aussehen wird, dazu gibt es viele Theorien. Ohne mich an den Spekulationen zu beteiligen, will ich hier nur mal zwei verschiedene Perspektiven skizzieren: Die einen meinen, dass am Ende eine große Katastrophe geschieht, und anschließend gibt es eine völlig neue Welt. Andere denken hingegen, dass unsere jetzige Welt bestehen bleibt und erneuert wird. Für beide Ansichten gibt es gute Gründe. Fest steht jedenfalls, dass Jesus sagt: »Siehe, ich mache alles neu!« (Offenbarung 21,5; LUT).

Wie soeben beschrieben, kann dieses Szenario auf verschiedene Weise gedeutet werden. Und je nachdem, wie wir es auffassen, könnten wir beispielsweise zu der Frage gelangen: Lohnt es sich überhaupt, sich gegen den menschengemachten (!) Klimawandel zu engagieren, oder ist das im Grunde umsonst? Denn die Welt, wie wir sie kennen, wird ja ohnehin eines Tages nicht mehr da sein.

Ich tue mich schwer damit, das zu entscheiden, weil ich ganz ehrlich gesagt denke, dass diese Sache Gottes Bier ist. Mein Auftrag, das Reich Gottes in dieser Welt auszubreiten, ändert sich dadurch aber nicht. Selbst wenn ich es mit einem pessimistischen Blick mache, weil ich davon ausgehe, dass sich diese Welt irgendwann mit einem lauten Knall auflösen wird. Wir sind definitiv dazu berufen, mit dieser Welt verantwortungsbewusst umzugehen. Denn Gott hat uns hierhergestellt und gesagt: »Macht euch die Erde untertan« (vgl. 1. Mose 1,28; LUT).

Wissenschaftliche Forschung ist meiner Meinung nach Ausdruck genau dieses Auftrags. Es ist unsere Pflicht, gut mit dieser Welt umzugehen. Nicht aus uns selbst heraus! Sondern durch das Wirken des Heiligen Geistes in uns. Das dürfen wir nie auseinanderdividieren. Wir bauen Reich Gottes nur mit Gott. Nicht aus eigener Kraft.

Wir sollten uns gegen den Klimawandel einsetzen, weil wir die Schöpfung bewahren sollen. Nicht weil wir es dufte finden. Wir sollten uns gegen Menschenhandel und Sklaverei und für faire Bezahlung in allen Branchen weltweit einsetzen, weil das die Barmherzigkeit Gottes widerspiegelt. Aus demselben Grund dürfen wir Antisemitismus, Rassismus, Menschenfeindlichkeit nicht einfach hinnehmen.

DER AUSBLICK AUF DIE ZUKUNFT

Jesus kam in diese Welt und er wird wiederkommen. Eines Tages wird er alles neu machen. Diese Vision vermittelt uns die Offenbarung des Johannes. Aber auch das Alte Testament macht deutlich, dass es schon immer so gedacht war, dass Gott alles neu macht. Neue Verhältnisse schafft. Sein Reich wird nicht nur hier und jetzt bestehen, sondern in Ewigkeit. Wie das aussehen kann, zeigt der Prophet Jesaja:

»Gerechtigkeit wird der Gurt seiner Lenden sein und die Treue der Gurt seiner Hüften. Da wird der Wolf beim Lamm wohnen und der Panther beim Böcklein lagern. Kalb und Löwe werden miteinander grasen, und ein kleiner Knabe wird sie leiten. Kuh und Bärin werden zusammen weiden, ihre Jungen beieinanderliegen, und der Löwe wird Stroh fressen wie das Rind. Und ein Säugling wird spielen am Loch der Otter, und ein kleines Kind wird seine Hand ausstrecken zur Höhle der Natter.

Man wird weder Bosheit noch Schaden tun auf meinem ganzen heiligen Berge; denn das Land ist voll Erkenntnis des Herrn, wie Wasser das Meer bedeckt. Und es wird geschehen zu der Zeit, dass die Wurzel Isais dasteht als Zeichen für die Völker. Nach ihm werden die Völker fragen, und die Stätte, da er wohnt, wird herrlich sein« (Jesaja 11,5-10; lut).

Immer – wirklich immer – wenn ich diese Vision lese, finde ich sie so abgefahren. Sie zeigt eine umgedrehte Welt, voller Harmonie und Freude. »Die Wurzel Isais« ist übrigens ein Symbol für den Messias: Isai war der Vater Davids und der war ein Vorfahre Jesu. Um ihn geht's hier also.

Wenn wir das eines Tages erleben – ich sage dir, ich freu mich! Mir vorzustellen, dass meine Tochter keine Angst haben muss, irgendwo zu sein, weil sie sich überall wohlfühlt und alles miteinander im Einklang ist. Damit ist keine buddhistische Lehre gemeint, sondern das kommende Reich Gottes, in dem Jesus der Herr sein wird. Seine Reichtümer werden dort überall sichtbar sein.

Damit sind wir noch mal bei Jesus. Er ist der König. Er ist der Herr. Er ist das Lamm.

Ganz zu Beginn sagt er zu Johannes folgenden Satz: »Ich bin das A und das O, spricht Gott der Herr, der da ist und der da war und der da kommt, der Allmächtige« (Offenbarung 1,8; LUT). Dieser Vers macht deutlich, dass Jesus am Anfang war und auch am Ende sein wird. Und wir dürfen sein Reich erleben. Das einzigartige, wunderbare Königreich Gottes. Schon jetzt und in Zukunft.

14. PARADEBEISPIEL – Oder: August Hermann Francke und die »Stadt Gottes«

Wir befinden uns am Ende des siebzehnten Jahrhunderts. Der Beginn der Reformation ist schon fast zweihundert Jahre her, der Westfälische Frieden wurde geschlossen. Der Dreißigjährige Krieg hat Europa verändert, genauso wie die Pest. Eine scheinbar heillose Zeit. Doch dann hört man folgenden Satz: »Weltveränderung durch Menschenveränderung.« Einfach. Simpel. Wirkt modern, wie von einer Hipster-Gemeinde oder aus einem Gemeindeaufbaubuch von Timothy Keller.

Aber der Satz stammt tatsächlich aus dieser Zeit und wird August Hermann Francke zugeschrieben. Sein Lebenswerk kann man kurz und bündig auf diese Aussage runterbrechen. Die Idee ist klar: Wenn Menschen sich ändern, wird die ganze Welt anders. Jeder kann etwas lernen. Jeder hat die Chance, sich zu verändern, wenn er möchte. Bei Francke heißt das auch, dass jeder sich für ein Leben mit Gott entscheiden darf.

Die Welt verändern – oder das Königreich Gottes weltweit sichtbar machen. Das wäre im Sinne Franckes gewesen. Sein »Newsletter«, in dem er über seine Stiftungen berichtete, hatte den prägnanten Titel: *Die Fußstapfen des noch lebenden und waltenden liebreichen und getreuen Gottes*. Und die waren tatsächlich dort sichtbar.

Glaucha. Ein Vorort von Halle an der Saale. Hier wurde der Pietismus hallescher Prägung entwickelt und manche Voraussetzung für unser heutiges Bildungssystem geschaffen. Begonnen hat Francke mit einer Armenschule und einem Waisenhaus für Kinder, deren Eltern sich zu Tode soffen. Aber er kümmerte sich nicht nur um Kinder, sondern auch um Erwachsene. In nahezu alle Lebensbereiche hinein wirkte er. Nicht umsonst wurden die wunderbaren alten Fachwerkhäuser im Herzen Halles dafür bekannt, dass Reich Gottes Gesellschaft verändern kann.

Nun habe ich das Glück, in der Kirche beziehungsweise in einem Neubau der Kirche Franckes meinen Dienst zu tun, und logischerweise fühle ich mich eng mit ihm verbunden. Ich bin ein Bewunderer. »Franckes pietistisch geprägte Schulen und soziale Initiativen erlangten internationale Bedeutung. Die historischen Gebäude stehen heute als weltweit einzigartiges Beispiel sozialer und pädagogischer Zweckarchitektur auf der deutschen Vorschlagsliste für das UNESCO-Weltkulturerbe«, heißt es im Wikipedia-Artikel über die *Franckeschen Stiftungen*.[20] Es ist ein Ort, an dem das Reich Gottes sichtbar wurde. Ich durfte dort wohnen und studieren.

Aber vielleicht kommst du gar nicht aus Halle und hast den Name Francke soeben das erste Mal gehört, deswegen erzähle ich dir noch ein bisschen mehr über ihn:

Francke war ein Mann mit Vision, würden wir heute sagen. Er hatte von Gott etwas aufs Herz bekommen und setzte es um. Alles startete mit einer Spende in Höhe von vier Talern und sechzehn Groschen. Wie viel das heute wäre? Dazu könnten wir auf einen Kinderreim zurückgreifen, den es offenbar schon sehr lange gibt: »Du hast 'nen Taler, geh auf den Markt. Kauf dir 'ne Kuh, Kälbchen dazu. Das Kälbchen hat ein Schwänzchen – Dideldideldänzchen.«

Ob ein Taler zur Zeit von August Hermann Francke wirklich ein Kalb und eine Kuh wert war, ist schwer zu sagen.

Jedenfalls reichte das, um 1695 in Glaucha mit einer Armenschule zu beginnen. Der Bau eines Waisenhauses kostete selbstverständlich noch viel mehr. Aber dieser erste Schritt war der Anfang, und viele weitere Schritte folgten. Das Waisenhaus wurde von Francke als »Pflantz-Garten« für Deutschland und die Welt bezeichnet. Er wünschte sich so sehr, dass hier Dinge entstehen würden, die weit über Glaucha und Halle hinausreichten.

Glaucha war damals noch eine eigenständige Stadt, in der es bei zweihundert Häusern siebenunddreißig Gasthäuser gab. Oder um es anders zu sagen: Es wurde gesoffen und gespielt. Armut, Süchte und Verwahrlosung waren die Folge. Viele Kinder wuchsen ohne Eltern auf. Oder ihre Eltern waren unfähig, sie wirklich zu erziehen.

Hinzu kam, dass durch den Krieg viele Leute verstümmelt waren: Ihr Körper, aber auch ihr Herz war verstümmelt. Man soff nicht nur aus Spaß und Langeweile, sondern weil man die Not sonst nicht ertragen konnte. Bildung und geordnete soziale Beziehungen gab es für viele damals nicht. Glaucha war ein hoffnungsloser Ort.

Dass Francke als junger Pfarrer dorthin kam, war ein Geschenk für diesen Ort. Es war ihm besonders wichtig, den Kindern Bildung und damit Chancen auf einen Beruf zu ermöglichen. Und so baute er im Laufe der Zeit verschiedene Schulen, ein Waisenhaus, eine Apotheke und einen Buchhandel mit eigener Buchdruckerei. Francke versuchte vieles. Sogar, eine Seidenspinnerraupenzucht zu etablieren. Obwohl Letzteres nicht klappte, ließ er sich nicht unterkriegen. Trotz der vielen Anfeindungen, die aus der Stadtbevölkerung kamen.

Francke kämpfte hartnäckig für die glauchaersche Stadtbevölkerung. Für viele wurde eine neue Lebensgrundlage geschaffen, weil sie in den *Franckeschen Stiftungen* einen Arbeitsplatz fanden. Glauchaersche Bürger wurden kostenlos im Spital behandelt.

Francke war Pietist, ihm war der tätige Glauben wichtig geworden. Besonders mit Blick auf das »Priestertum aller Gläubigen« wollte er aufzeigen, dass Glaube nicht nur sonntags und in Kirchen stattfinden kann, sondern mit dem ganzen Leben zu tun hat. Glaube wird dadurch zum Fixpunkt, zur Orientierungshilfe und zur Hoffnung, die das ganze Leben betrifft.

Die Geistlichen aus der Stadt sahen Francke sehr kritisch. Auch die weltlichen Oberhäupter Halles waren ziemlich skeptisch. Bis Franckes Bekannter Jakob Philipp Spener seine Kontakte zum preußischen Königshof spielen ließ. Das Anliegen Franckes verband sich an dieser Stelle mit dem Staat, und er bekam »von oben« Unterstützung. Das half ihm oftmals bei lokalen Auseinandersetzungen mit den Leuten, die etwas zu sagen hatten.

In dieser Zeit gründete Francke mit dem preußischen Freiherrn Carl Hildebrand von Canstein die *Cansteinsche Bibelanstalt*. Canstein sponserte einen Drucksatz, wodurch die Produktionskosten für Bibeln erheblich gesenkt wurden.

Dieser Punkt ist sehr wichtig, weil es dadurch jedem ermöglicht wurde, die Bibel zu lesen. Jeder konnte sich auf einmal eine Bibel leisten. »Stille Zeit«, so wie ich sie kenne, mit Bibellesen, Fragen, Auslegung und Gebet, wurde so erst für alle möglich. Heute ist das für uns selbstverständlich; damals war es sensationell.

Francke engagierte sich nicht zuletzt sehr stark für die erste protestantische Übersee-Mission: die Dänisch-Hallesche Mission. Dadurch zeigt sich, dass es ihm nicht in erster Linie um die Verwirklichung seiner eigenen Träume und Vorstellungen ging. Er konnte auch andere darin unterstützen, ihre Berufung zu leben.

Doch sein vielfältiges Wirken und seine wachsende Bekanntheit ließen seinen Fokus nicht von Glaucha beziehungsweise Halle abrücken. Hier baute er seine verschiedenen Tätigkeitsfelder immer weiter aus und trug dazu bei, dass viele Menschen zum Glauben kamen. Nicht umsonst nannte man die *Franckeschen Stiftungen* auch »Stadt Gottes«.

Geil. Sorry für das Wort. Vielleicht kannst du ja mit Geschichte nicht so viel anfangen, sodass dich dieser kurze Ausflug in die Vergangenheit ziemlich kaltlässt. Aber ich finde es geil! Der Grund, warum ich das alles so abfeiere, ist nicht nur, dass ich hier lebe. Weil ich hier lebe, kenne ich diese Stiftungen und habe sie besichtigt. Und ich konnte hier wohnen und studieren. Vor allem aber begeistert es mich, dass ich bei Francke vieles von dem umgesetzt sehe, was ich gerne mit meiner Königreich-Gottes-Brille sehen würde. Wir können so viel von ihm lernen!

Damals gab es viel Not in allerlei Formen. Francke sah die Not, predigte nicht nur dagegen an, sondern schaffte konkrete Linderung. Er handelte. »Glaube ohne Werke ist tot«, steht im Jakobusbrief. Und ja, der innere Lutheraner in mir sagt dann immer reflexartig: Aber allein aus Gnade bin gerecht. Das stimmt auch. Aber der handelnde Glaube baut das Königreich Gottes aus.

Und Francke hat genau das versucht – in viele Gesellschaftsbereiche hinein. Sein pädagogisches Denken und Wirken setzten

Maßstäbe in Deutschland. Die Schulen ermöglichten einer breiten Masse grundlegende Bildung und damit persönliche Perspektiven, ihr Leben in eine andere Richtung zu steuern. Was wären wir heute ohne Bildung?

Für mich ist Francke ein wunderbares Beispiel dafür, wie das Reich Gottes aussehen kann. Bestimmt hat er nicht alles richtig gemacht, und ob er ein sympathischer Zeitgenosse war, weiß ich nicht. Aber es hieß damals ja »Stadt Gottes«. Nicht Franckes Stadt. Und die Idee dahinter begeistert mich: eine »Königreich-Gottes-Stadt«.

Ähnliches lese ich in der Bibel: In alle Bereiche hinein soll sichtbar werden, was Gott möchte. Deshalb kann ich dir meinen kleinen, bescheidenen Wunsch anvertrauen: Eines Tages möchte ich durch Halle fahren und überall mir bekannte und unbekannte »Reich-Gottes-Projekte« wahrnehmen. Am liebsten hauptsächlich dort, wo man es nicht vermutet.

Mehr noch: Dort, wo man Jesus nicht vermutet. In Apotheken und Praxen. In Kindergärten, Schulen und Universitäten. Auf dem Gerüst, in der Straßenbahn oder im Restaurant. Oder am Bahnhof, auf dem großen Marktplatz oder im Rotlichtviertel. In Halle-Neustadt – dem Inbegriff des DDR-Plattenbaus. Überall.

Mein Herz würde aus dem Lobpreis nicht mehr herauskommen. Und so bete ich immer wieder dafür. Es ist mein zentrales Gebet, das über meinem Leben stehen soll: »Vater, dein Reich komme.« Vielleicht willst du das für deinen Ort ja genauso beten?

Wenn du an diesem Punkt angelangt bist, hast du viel gelesen und einige Informationen gesammelt. Zum Beispiel über Prinzipien, nach denen das Reich Gottes funktionieren kann. Wir haben uns verschiedene Gesellschaftsbereiche angeschaut. Wir haben über Kirche nachgedacht und auch darüber, wo wir eines Tages mal die Ewigkeit verbringen möchten.

Jesus hat uns versprochen: »Siehe, ich bin bei euch alle Tage bis an der Welt Ende« (Matthäus 28,20; LUT). Und er lädt dich und mich heute (wieder) neu ein, Reich-Gottes-Bauer zu werden. Dort, wo wir sind.

Epilog: Gemeinsam für Halle! – Wie aus einer Schnapsidee Großes erwuchs

Juni 2021, Halle. Ich sitze hier und schreibe die letzten Zeilen dieses Buches. Hätte mir jemand vor zwei Jahren erklärt, dass ich 750 000 Euro gewinnen und dann eines meiner theologischen Herzensthemen zu Papier bringen würde, ich hätte ihn für verrückt erklärt. Eine Stiftung gründen? Mit meinem Geld?! Wie das?

Während die letzten beiden Jahre für die Weltgemeinschaft aufgrund der Corona-Pandemie katastrophal waren, waren sie für mich die besten meines Lebens. Ich wurde Hauptpastor der Gemeinde, die ich ganz tief in meinem Herzen habe. Ich gewann durch eine aberwitzige Schnapsidee noch aberwitzigere 750 000 Euro. Zwei Millionen wären es fast geworden, aber heute bin ich froh, dass es so gelaufen ist. Mein Papa ist mir auch nicht böse.

Apropos: Ich bin Papa geworden. Das erste Mal. Wir konnten Wohnraum kaufen und wir haben mit Freunden zusammen einen Schrebergarten. Oder wie ich immer sage: Strebergarten. Ich habe sogar eine Berufsunfähigkeitsversicherung abgeschlossen. Kurzum: Ich bin Spießbürger geworden! Und das fühlt sich ehrlich gesagt wundervoll an.

Aber mein Herzensprojekt ist es etwas anderes. *Gemeinsam für Halle* gibt es schon seit ein paar Jahren. Der Verein versucht, Projekte, die mit dem Reich Gottes zu tun haben, zu fördern oder zu initiieren. Schon jetzt sammeln sich dort viele Gemeinden und

Reich-Gottes-Bauer. Gebet, überkonfessionelle Veranstaltungen, missionarische Projekte – all das wollen wir gerne verwirklichen. Vor allem in Halle.

In dieser »grauen Diva«, wie sie gerne genannt wird! In dieser Großstadt des Atheismus. Hier ist Entkirchlichung gelebte Realität. Aber es gibt Aufbrüche. Es gibt Projekte, die zwischen Glauben und Gesellschaft eine Verbindung herstellen. Es gibt diese Orte, an denen das Reich Gottes spürbar wird und sichtbare Früchte trägt. Das wollen wir fördern.

Vieles haben wir auf dem Herzen – an Ideen mangelt es uns nicht: Alle Gesellschaftsbereiche wollen wir erreichen und Gottes Reich dort schon jetzt sehen und erleben. Diese Stadt braucht das. Das ist meine felsenfeste Überzeugung.

Wenn du mehr darüber wissen willst, dann kontaktiere uns unter www.gfh.de, und tauche ein in das, was wir tun. Vielleicht wirst du ja ebenfalls zum Reich-Gottes-Bauarbeiter in Halle – direkt oder indirekt. Oder noch besser: genau dort, wo du bist. Lass dich inspirieren. Es wäre mir ein inneres Halleluja!

Danke! – Für alles!

Danke an dich. Du hast es geschafft, das ganze Ding zu lesen! Das freut mich mega. Dass ich eines Tages mal ein Buch schreiben würde, hätte ich nicht gedacht, und jetzt hat es offensichtlich auch noch jemand gelesen. Ich hoffe, du kannst dadurch mehr mit dem Reich Gottes anfangen und lebst mit dieser wunderbaren Perspektive!

Danke, Jesus. Danke für deine Worte und alles, was du gesagt und getan hast. Was wären wir ohne dich? Danke, Gott. Du bist der Erschaffer des Königreiches. Und eines Tages wirst du es vollenden. Danke, Heiliger Geist – Inspiration, Begaber, Berufer, Ermöglicher!

Danke, Evangeliumsgemeinde Halle. Jeden Tag bin ich dankbar dafür, mit euch gemeinsam in Halle Reich Gottes bauen zu dürfen. Hier durfte ich sein, werden und bleiben. Gemeinsam für »eine von Jesus geprägte Welt«!

Danke, Stiftung *Gemeinsam für Halle*. Weltveränderung durch Menschenveränderung – genauso, wie Francke sich das zum Ziel gesetzt hat. Wir bauen auf Ewigkeit!

Vielen Dank an so viele Freunde und Bekannte, Kommilitonen, Hauskreise, Gemeinden, geistliche Väter und Mütter. Unzählige Namen könnte ich hier aufzählen. Ihr habt in mich investiert, mich gelehrt und begleitet, und am Ende ist unter anderem das herausgekommen! Wow!

Danke, Günther Jauch. Danke dem Team von *Wer wird Millionär?*. Ohne euch wäre dieser Segen nicht zum Segen geworden.

Danke dem SCM Verlag, dass ihr euch getraut habt, einen ungeschliffenen Mann wie mich aufzuschreiben zu lassen, was

Gott in seinem Herzen hat wachsen lassen. Ich hoffe, ihr bereut es nicht. ;-)

Danke, Jasmin, Susi, Arthur, Jakob, Klemens, Tobi, Henry, Papa und Chris – ihr habt maßgeblich dazu beigetragen, dass es nun tatsächlich dieses Buch gibt. Herzlichen Dank an Damaris Müller für das Lektorat. Es war sicherlich nicht einfach, mit einem literarischen Anfänger wie mir zusammenzuarbeiten. Sie waren mir eine große Hilfe!

Danke, Michael, Keith und Tobi! Ihr habt Reich-Gottes-Denken in mich implantiert und habt geholfen, dass aus mir ein »ganzer Pastor«, »Reich-Gottes-Bauer« und Leiter wurde.

Danke, Henry, du alte Kanone! Wie viel Zeit, Kraft und Liebe du in mich investiert hast, ist unzählbar. Du bist einer meiner geistlichen Väter und hast die Größe, einem Chaoten wie mir deinen Laden anzuvertrauen. Jesus liebt dich! Echt! Und ich dich auch.

Danke, Mama und Papa. Danke, Mirjam und Klemens! Danke an meine ganze Familie! Aufzuzählen, was ihr mir geschenkt habt, würde den Rahmen sprengen. Danke für gute geistliche Wurzeln und alles, was ihr mir fürs Leben mitgegeben habt. Ihr habt mich immer unterstützt, auch wenn es manchmal nicht einfach war.

Danke, Luise, meine wunderschöne Tochter. Durch dich darf ich Papa sein! Wow! Ich freu mich so darauf, dich groß werden zu sehen, mein Spatz, und werde dich immer lieben. Schmatzl!

Und schließlich: Danke, Ute, meine wunderschöne Frau. Was wäre ich nur ohne dich? Du bist das größte Geschenk Gottes in meinem Leben. Danke ist ein viel zu kleines Wort. Was freu ich mich, dass wir gemeinsam Reich Gottes bauen dürfen und du mich aushältst. Danke, dass wir ein Team sind! Ich liebe dich!

Anmerkungen

1 N. T. Wright: Matthäus für heute. Brunnen Verlag, Gießen 2013, Bd. 1, S. 51.
2 Timothy Keller: Stille Nacht – Heilige Nacht, Warum wir heute noch Weihnachten feiern. Brunnen Verlag, Gießen 2018, S. 12.
3 eigene Übersetzung, angelehnt an LUT.
4 https://rp-online.de/panorama/so-reich-sind-sie-im-weltweiten-vergleich_iid-23677107, abgerufen am 28.09.2021.
5 eigene Übersetzung, angelehnt an LUT.
6 eigene Übersetzung, angelehnt an LUT.
7 eigene Übersetzung, angelehnt an NGÜ.
8 Tim Niedernolte: Wunderwaffe Wertschätzung, Vom großen Glück einer einfachen Lebenshaltung. adeo, Asslar 2018.
9 https://de.statista.com/statistik/daten/studie/277194/umfrage/beten-haeufigkeit-in-deutschland/, abgerufen am 23.07.2021.
10 Eckart von Hirschhausen: Die Leber wächst mit ihren Aufgaben, Komisches aus der Medizin. Rowohlt Verlag 2008, S. 210.
11 Dietrich Bonhoeffer: Nachfolge. M. Kuske & I. Tödt (Hrsg.), Gütersloher Verlagshaus, Gütersloh, Sonderausgabe, Bd. 4, S. 160.
12 Fachbegriff für das Aufschieben von Aufgaben, indem man alles andere macht außer dem, was wichtig ist. Beispielsweise in der Lernzeit vor einer Klausur die ganze Wohnung putzen – auch die Fenster, auch hinter den Heizkörpern, auch die Lampen.
13 Fritz Rienecker (Hrsg.): Lexikon zur Bibel. R.Brockhaus Verlag, Wuppertal 1978, S. 1287.
14 Peter Tauber: Twitter. 4. April 2021, 1:07 nachm. Link https://twitter.com/petertauber/status/1378665417846185985, abgerufen am 23.09.2021.
15 https://de.wikipedia.org/wiki/Karl_Barth#Nachkriegszeit, abgerufen am 28.09.2021.
16 Koch, Diether (Hrsg.): Karl Barth, Offene Briefe 1945–1968, in: Karl Barth: Gesamtausgabe V. Briefe. Zürich 1984, S. 401–439.
17 Mit freundlicher Genehmigung des City Changers Movement und der Stadtreformer Deutschland.
18 https://www.keineinsamerbaum.org, abgerufen am 05.08.2021.
19 Alan Platt: City Changers, SCM R.Brockhaus, Witten 2019.
20 https://de.wikipedia.org/wiki/Franckesche_Stiftungen, abgerufen am 09.08.2021.